MARCO POLO

JERUSALEM

Reiseführer mit Insider-Tips

Fünf Symbole sollen Ihnen
die Orientierung in diesem Führer erleichtern:

★
für Marco Polo Tips – die besten in jeder Kategorie

für alle Objekte, bei denen Sie auch eine schöne Aussicht haben

für Plätze, wo Sie bestimmt viele Einheimische treffen

für Treffpunkte für junge Leute

(A 1)
Koordinaten für die Übersichtskarte
(O) außerhalb des Kartenbereichs

Diesen Führer schrieb Christoph Gerhard. Er kennt Israel und den Nahen Osten von ausgedehnten Studienreisen.
Die Marco Polo Reihe wird herausgegeben von Ferdinand Ranft.

MAIRS GEOGRAPHISCHER VERLAG

MARCO POLO

Für Ihre nächste Reise gibt es folgende Titel dieser Reihe:

Ägypten • Algarve • Amrum / Föhr • Amsterdam • Andalusien • Antarktis • Argentinien / Buenos Aires • Athen • Australien • Bali / Java • Baltikum • Bangkok • Barcelona • Bayerischer Wald • Berlin • Bodensee • Brasilien / Rio • Bretagne • Brüssel • Budapest • Bulgarien • Burgenland • Burgund • Capri • China • Costa Brava • Côte d'Azur • Dänemark • Deutschland Ost • Dominikanische Republik • Dresden • Düsseldorf • Elba • Elsaß • England • Euro Disney • Feuerland / Patagonien • Finnland • Flandern • Florenz • Florida • Frankfurt • Frankreich • Frz. Atlantikküste • Fuerteventura • Galicien • Gardasee • Gran Canaria • Griechenland • Griech. Inseln / Ägäis • Hamburg • Harz • Hawaii • Heidelberg • Holland • Hongkong • Ibiza / Formentera • Indien • Ionische Inseln • Irland • Ischia • Island • Israel • Istanbul • Italien • Italien Nord • Italien Süd • Ital. Adria • Ital. Riviera • Japan • Jemen • Jerusalem • Kalifornien • Kanada • Karibik: Gr. Antillen • Karibik: Kl. Antillen • Kärnten • Kenia • Köln • Korsika • Kreta • Lanzarote • La Palma • Leipzig • Lissabon • Loire-Tal • London • Madeira • Madrid • Malediven • Mallorca • Malta • Marokko • Mauritius • Mecklenburger Seenplatte • Mexiko • Moskau • München • Nepal • Neuseeland • New York • Norwegen • Oberbayern • Oberital. Seen • Österreich • Ostfriesische Inseln • Ostseeküste: Schlesw.-Holst. • Ostseeküste: Mecklbg.-Vorp. • Paris • Peking • Polen • Portugal • Potsdam • Prag • Provence • Rhodos • Rom • Rügen • Rumänien • Rußland • Salzburg / Salzkammergut • San Francisco • Sardinien • Schottland • Schwarzwald • Schweden • Schweiz • Sizilien • Spanien • Spreewald / Lausitz • Sri Lanka • St. Petersburg • Südafrika • Südengland • Südsee • Südtirol • Sylt • Taiwan • Teneriffa • Tessin • Thailand • Thüringen • Tirol • Tokio • Toskana • Tschechische Rep. / Slowakische Rep. • Tunesien • Türkei • Türk. Mittelmeerküste • Ungarn • USA • USA: Neuengland • USA Ost • USA Südstaaten • USA West • Venedig • Weimar • Wien • Zypern • Die 30 tollsten Ziele in Europa •

Die Marco Polo Redaktion freut sich, wenn Sie ihr schreiben:
Marco Polo Redaktion, Mairs Geographischer Verlag
Postfach 3151, D-73751 Ostfildern

Unsere Autoren haben nach bestem Wissen recherchiert. Trotzdem schleichen sich manchmal Fehler ein, für die der Verlag keine Haftung übernehmen kann.

Titelbild: Klagemauer (Transglobe/Koene)
Fotos: Argus/Schröder (80, 86); Argus/Schwarzbach (68); Heck (14, 30, 33, 42, 91); Janfot/Janicek (38, 51); Kallabis (Anreise); Lade (47); Mauritius/Vidler (4, 11, 20, 28, 52); Santor (62, 64, 71, 82, 96); Schuster/Altmann (27); Schuster/Dr. Müller (76); Sperber (59); Storto (7)

2. Auflage 1993

Gestaltung: Thienhaus/Wippermann (Büro Hamburg)
Kartographie: Mairs Geographischer Verlag, Hallwag

Printed in Germany
Gedruckt auf 100% chlorfreiem Papier

INHALT

Entdecken Sie Jerusalem!

In der Stadt des Friedens hat es der Frieden schwer

Der israelische Schriftsteller Amos Oz erhielt im Herbst 1992 den Friedenspreis des Deutschen Buchhandels. Mit Oz werde »der herausragende zeitgenössische Autor Israels und Mitbegründer der israelischen Friedensbewegung ›Peace Now‹ geehrt, der sich für ein dauerhaftes, friedvolles und gerechtes Zusammenleben von Israelis und Palästinensern in ihrer angestammten Heimat einsetze« begründete der Deutsche Buchhandel seine Entscheidung.

Jerusalems Bürgermeister, der achtzigjährige Teddy Kollek, war einer der ersten, die Amos Oz gratulierten. Warum? Zentraler Angelpunkt im Werk des 53jährigen Amos Oz, dessen Bücher in über 20 Sprachen übersetzt wurden und Millionenauflagen erreichen, ist der Kampf gegen blinde Gewalt und Fanatismus, für eine Verständigung und gute Nachbarschaft zwischen Juden und Palästinensern. Das ist auch Kolleks Anliegen, der die Heilige Stadt als Bürgermeister seit einem Vierteljahrhundert regiert und 1989 zum sechsten Mal wiedergewählt wurde.

Ein Blick vom Ölberg über das Kidrontal auf die Stadt

Jerusalem ist kein Verkehrsknotenpunkt, es besitzt keinen Hafen, keine Industrie, keine Bodenschätze. Es ist keine reiche Stadt. Mehr Bewohner als in jeder anderen Stadt Israels leben von Sozialhilfe. Das Defizit der Stadt erreicht Jahr für Jahr eine zweistellige Millionensumme. Und doch besitzt diese Stadt in den judäischen Bergen, 800 m über dem Meeresspiegel gelegen, seit Jahrtausenden eine selten große Anziehungskraft.

Nirgendwo begegnen sich die drei monotheistischen Weltreligionen – Judentum, Christentum und Islam – auf so engem Raum, nirgendwo drängen sich deren heilige Stätten so dicht, wie in der Altstadt Jerusalems. Hier stehen auf dem Tempelberg der Felsendom und die Al-Aqsa-Moschee, nach Mekka und Medina die bedeutendsten Zentren des Islam. In unmittelbarer Nähe liegt die Klagemauer, die Westmauer des alttestamentarischen Tempels, die heiligste Gebetstätte der Juden seit der Zerstörung Jerusalems durch die Römer im Jahre 70. Nur wenige Straßenzüge entfernt erhebt sich die Grabeskirche, die von der Mutter Kaiser Konstantins über jenem Ort errichtet wurde, den die Bibel als den der Kreuzigung, Grablegung und Auferstehung Jesu angibt.

In Jerusalem, der Heiligen Stadt der Christen, Juden und Moslems, stehen mehr als tausend Synagogen, Moscheen und Kirchen. Möglicherweise sind es gerade die Religionen, die das Leben in der Stadt für ihre Bewohner seit Jahrtausenden so anziehend und zugleich so beschwerlich machten. Heute sind es auch die politischen Verhältnisse, die zu letzterem beitragen.

Beharrlich setzt sich deshalb Teddy Kollek für ein friedliches Zusammenleben ein, das von Toleranz untereinander und erst recht gegenüber den Andersgläubigen bestimmt sein sollte. Eine Zeitlang sah es so aus, als hätte seine Vision eine Chance, denn er kümmerte sich ständig um die Verbesserung der Infrastruktur der Altstadt und besonders um die des Arabischen Viertels, ließ neue Wasser- und Kanalisationsleitungen verlegen, baute ein neues Krankenhaus und viele ambulante Versorgungszentren und hatte immer ein Ohr für vorgebrachte Anliegen. »Du sollst nie etwas auf die lange Bank schieben«, formulierte er für sich als elftes Gebot, wenn er bei seinen Gängen durch die Stadt Wünsche und Beschwerden der Bürger in seinem bekannten Notizbuch festhielt.

Meistens machen ihm die eigenen jüdischen Landsleute das Leben schwer. Engagiert trat er gegen die Ansiedlung von Talmud-Schulen im Arabischen Viertel ein und ebenso engagiert verurteilte er den ehemaligen Verteidigungs- und späteren Siedlungsminister Arie Sharon, der demonstrativ ein Haus in der arabischen Altstadt bezog, vor dem jetzt Tag und Nacht ein halbes Dutzend Soldaten Wache halten. Verhindern konnte er solche Provokationen nicht. Für Gershon Solomon, den Führer der »Getreuen des Tempelbergs« ist Kollek sogar der Hauptfeind der »vollen israelischen Souveränität in ganz Jerusalem«, weil er ein Zusammenleben von Arabern und Juden in der Stadt und nicht die Vertreibung der Araber aus der Stadt anstrebe. Provokatorische Versuche, wie die der »Getreuen des Tempelbergs« im Oktober 1990, die in gewalttätigen Auseinandersetzungen und nach dem Eingreifen der Polizei mit dem Tod von 22 Palästinensern endeten, gehören zu den furchtbaren Rückschlägen des um Frieden in der Stadt ringenden Bürgermeisters. Auch nach dem Tempelbergmassaker will Teddy Kollek seine Hoffnungen nicht begraben. Manchmal, sagt er, käme er sich vor wie eine Ameise, die baut und baut. Jeden Augenblick könne jemand einen Stock in den Ameisenhaufen stecken und ihn zerstören. Aber dann würde er erneut zu bauen beginnen.

Yerushalayim ist der hebräische Name der Stadt. Er bedeutet »Ort des Friedens«. In arabischen Karten und für alle Araber heißt die Stadt El Quds, »Die Heilige«. Doch wird Frieden eines Tages in die Mauern der Heiligen einkehren?

Jerusalem gleiche einem Schlachthaus der Religionen, formulierte der englische Kul-

Assumptio-Kirche, Ölberg

turkritiker Aldous Huxley vor 50 Jahren, und sein israelischer Kollege Amos Elon beschreibt in seinem 1989 erschienenen Buch »Jerusalem. Innenansichten einer Spiegelstadt« eben dieses Phänomen mit aktuellem Bezug. Heilige Stadt der Juden, der Moslems, der Christen, eben deshalb seit Jahrtausenden beansprucht, umkämpft, erobert, zerstört. Jerusalem als Ort der großen Hoffnungen und Verheißungen, aber auch der Apokalypse und des Jüngsten Gerichts. Keine andere Stadt bietet derart unauflösbare Gegensätze, in keiner anderen Stadt wandeln sich religiöse Behauptungen zu derart haßerfüllten Ausgrenzungen, werden säkulare Machtansprüche perfide hinter »heiligen« Positionen versteckt.

Eine der sensiblen Nahtstellen des israelisch-arabischen Konflikts ist heute Jerusalems Tempelberg, weil dieses kleine Felsplateau zum realen Symbol der irrationalen Sehnsüchte der beiden größten Bevölkerungs- und Religionsgruppen der Stadt gemacht wird. Nach islamischer Vorstellung ist es der Ort, der dem Paradies am nächsten liegt; ein Verzicht würde die Glaubensgrundlagen des Islam erschüttern. Für die Juden sind Tempelberg und angrenzende Klagemauer das Zentrum ihres Glaubens und ihrer Identität schlechthin. Kann es bei derart emotionalen Positionen überhaupt noch eine rationale Lösung geben? »Heutzutage ist Jerusalem wieder einmal das, was es in seiner Geschichte so häufig war: eine Stadt, die gegen sich selbst Krieg führt«, schreibt Elon.

Tatsächlich war Krieg, nicht Frieden, bisher kennzeichnendes Kontinuum in der Geschichte Jerusalems. Sechsunddreißig-

Spaziergänge durch Jerusalem

Ben Yehuda

An jedem Abend im Sommer und besonders am Samstag nach dem Ende des Shabbat trifft sich das junge Jerusalem in der Fußgängerzone der Ben Yehuda Street. Das zentrale Dreieck zwischen den Straßen King George, Yafo und Ben Yehuda lädt geradezu ein zum gemütlichen Flanieren mit ›window shopping‹ und anschließendem Besuch in einem der vielen Straßencafés.

Ölberg

Vom Garten Gethsemane führt ein Fußweg hinaus auf den Ölberg, zur Linken vorbei an mehreren christlichen Kirchen, zur Rechten entlang dem alten jüdischen Friedhof. Wenn man sich während des Aufsteigens umdreht, blickt man direkt hinunter zur Altstadt. Nach einer halben Stunde Weg — zum zwischenzeitlichen Ausruhen laden Holzbänke unter Olivenbäumen ein — kann man vom Restaurant des Seven Arches Hotels auf dem Ölberg bei einem kalten Getränk die zurückgelegte Strecke stolz begutachten und die schöne Sicht genießen.

Rundgang auf der Stadtmauer

An fünf von sieben Stadttoren befinden sich Aufgänge zu der hohen, breiten Stadtmauer, die die Altstadt umschließt. Zwischen Zinnen und Schießscharten kann man aus zwölf Meter Höhe ungestört das Treiben in den Vierteln der Altstadt miterleben. Damit nicht nur Schwindelfreie in den Genuß kommen, wurden Schutzgitter angebracht. Von der Stadtmauer herab kann man beim Rundgang auch sehr gut die außerhalb liegenden Stadtbereiche überschauen: Im Süden den Berg Zion und das Hinnomtal, im Westen die Neustadt, im Norden den Skopusberg und im Osten den Ölberg. Die Eintrittskarte gilt für zwei Tage; Aus- und Aufgänge befinden sich am Löwen-, am Damaskus-, am Jaffa- und am Zionstor, ebenso an der Zitadelle; am Herodes- und am Neuen Tor gibt es nur Ausgänge.

Talpiot

Erst vor kurzem hat Teddy Kollek einen wirklich schönen Panoramaweg unweit des ehemaligen Sitzes des britischen Hochkommissars und jetzigen UNO-Hauptquartiers im Südosten Jerusalems eröffnet. Die Haas-Promenade und die sich anschließende Sherover-Promenade sind nicht nur ein schöner Spazierweg, sondern bieten auch eine spektakuläre Aussicht und das umfassendste Panorama Jerusalems, von der Altstadt über den Ölberg bis zur judäischen Wüste. Auch West-Jerusalem kann man von hier selten schön überblicken.

mal wurde die Stadt im Laufe ihrer bewegten Geschichte von Kriegen heimgesucht, mehr als ein Dutzend Mal zerstört, aber immer – und heute schöner denn je – wurde Jerusalem wieder aufgebaut.

David war der erste, der vor 3000 Jahren die Stadt durch Krieg eroberte, Nebukadnezar aus Babylon, Alexander der Große aus Griechenland und Titus aus Rom, die arabischen Moslems, die Kreuzritter aus Europa, die Sultane Saladin und Suleiman, die Generäle Allenby und Moshe Dayan – sie alle haben Jerusalem nur nach erbitterten Kämpfen und großen Zerstörungen erobern können. Und sie alle haben Spuren hinterlassen, sowohl der Verwüstung als auch des Neubeginns, Spuren, deren Erkundung nicht nur touristisches Interesse weckt.

»Nächstes Jahr in Jerusalem!« – mit diesem symbolischen Wunsch verabschieden sich seit zwei Jahrtausenden Juden in aller Welt, wenn sie im Gedenken an den biblischen Auszug aus Ägypten nach dem Passah-Fest auseinander gehen. Auch heute noch ist diese Wunschformel Bestandteil eines Rituals, sich beschwörend an das Zentrum und den Ursprungsort der eigenen Geschichte zu erinnern. Aber seit 1948 – nach jahrhundertelanger Verfolgung und tödlicher Diskriminierung – waren die Juden mit der Gründung des Staates Israel der realen Konkretisierung dieses symbolischen Wunsches ein Stückchen näher.

Nach dem Abzug der britischen Mandatsmacht im Jahre 1948 setzte ein Krieg zwischen Israelis und Arabern neue Fakten. Die Generäle Moshe Dayan für Israel und Abdulla Tal für Jordanien vereinbarten einen Waffenstillstand an jener Demarkationslinie, an der ihre Truppen im Mai 1948 standen. Dies war eine zufällige Zickzacklinie außerhalb der Jerusalemer Altstadt. Ungeachtet des UNO-Teilungsplanes wurde dann im April 1949 der Westteil Jerusalems zur Hauptstadt des neugegründeten Staates Israel erklärt, das arabische Ostjerusalem einschließlich der Altstadt im Gegenzug vom Königreich Jordanien einverleibt. Jerusalem war seit dieser Zeit geteilt. Gewaltsam geteilte Städte wecken Emotionen. Man denkt sofort an Städte wie Berlin, bei dem die Teilungslinien mitten durch gewachsene Straßenzüge und mitten durch gewachsene Bevölkerungsstrukturen verliefen. Das war bei Jerusalem nicht der Fall. Die Grenze verlief zwischen der Altstadt, die fast ausschließlich arabisch bevölkert war, und dem Westteil Jerusalems, in dem nur Juden wohnten. Trotzdem war die Teilung für Israel sehr schmerzlich, insbesondere auch wegen der Identität des jungen Staates mit dem historischen Jerusalem, dem Ort der Klagemauer, die nach der Teilung für Juden nicht mehr zugänglich war. Neunzehn Jahre später, 1967, eroberte Israel in wenigen Tagen alle jordanischen Gebiete westlich des Jordans (»West Bank«) einschließlich Ostjerusalems. Per Knessetbeschluß wurde Ostjerusalem annektiert im Gegensatz zur Westbank, die nach wie vor als »nur« besetztes Gebiet – offiziell: »verwaltete Provinzen Judäa und Samaria« – gilt.

Nach der Annexion von 1967 baute Israel aus besiedlungspolitischen Motiven Trabantenstädte im Rücken der Araber, eine Art Festungsring von trostlosen Wohnsilos als »Wächter« um die Stadt. Einige dieser Neubausiedlungen, zum Beispiel Neveh Yaakov im Norden oder Osttalpiot und Ghiloh im Süden, entstanden auf dem Gebiet der West Bank und wurden dann in das Stadtgebiet integriert; alle so entstandenen neuen Wohnungen waren aber ausschließlich für jüdische Mieter bestimmt. Ein Jahrzehnt lang kümmerte sich niemand um die stillschweigende Einvernahme Ostjerusalems, zumal auch die Bewohner des Arabischen Viertels in der Altstadt davon profitierten. Aber dreizehn Jahre später geriet die Okkupation wieder in die Schlagzeilen. Auf Initiative der ultrakonservativen Abgeordneten Geula Cohen verabschiedete die Knesset im Sommer 1980 das »Jerusalem-Gesetz«, das die Annexion von 1967 für unwiderruflich erklärte: »Das ganze und vereinigte Jerusalem ist in seiner Gesamtheit die Hauptstadt Israels.« Daß Jerusalem – mit der Altstadt seit 1967 – als Israels Hauptstadt fungierte, hatten viele Staaten zuvor nicht formal aber stillschweigend anerkannt, denn dort hatten das Parlament, die Regierung, der Staatspräsident und alle Ministerien ihren Sitz. Andere Staaten, vor allem die arabischen, haben es hinnehmen müssen. Doch die demonstrative Gesetzesverabschiedung im Sommer 1980 war eine völkerrechtswidrige Provokation, die die UNO wenig später für »nichtig« erklärte. Kein Staat der Welt unterstützte Israel damals bei der Abstimmung über den UNO-Beschluß. Jedes Jahr im Mai (nach gregorianischem Kalender wurde Ostjerusalem am 27. 5. 1967 von Israel erobert) wird der »Jerusalem-Tag« aus Anlaß der »Vereinigung« Jerusalems mit vielen Veranstaltungen in der Stadt gefeiert.

Wer Jerusalem in Richtung Osten nach Jericho oder Richtung Süden nach Bethlehem verläßt, erfährt konkret, daß der Staat Israel seit 25 Jahren zwei unterschiedliche Rechtssysteme, zwei unterschiedliche Verwaltungssysteme und zwei unterschiedliche politische Systeme mit sehr unterschiedlichen Wertvorstellungen unterhält. Während er innerhalb seiner Grenzen von 1948 ein westliches demokratisches Regierungssystem mit vielen Freiheitsrechten für den einzelnen Bürger praktiziert, wendet er in den besetzten Gebieten ein gnadenloses Okkupationsrecht an, das viele erschütternde Menschenrechtsverletzungen einschließt, obwohl die auch von Israel unterzeichnete Vierte Genfer Konventionen zum Schutze der Zivilbevölkerung volle Gültigkeit hat. Israel regiert in den besetzten Gebieten als Militärregime, das formal dem Verteidigungsministerium untersteht. 1981 wurde den Generälen als Fassade eine »Zivilabteilung« zur Seite gestellt. Ohne Prozeß, durch bloßen Verwaltungsakt, zerstört die Besatzungsmacht Israel Häuser von verdächtigen Palästinensern, sperrt sie bis zu zwölf Monate (!) ohne Anklage oder Gerichtsverfahren in sogenannte Verwaltungshaft ein, scheut vor

Folter nicht zurück, schließt Schulen und Universitäten. Seit Ausbruch der Intifada, des palästinensischen Widerstandes, sind über 1000 Palästinenser (darunter 400 Kinder) von den israelischen Sicherheitskräften getötet worden, viele durch maskierte »Spezialeinheiten«, analog zentralamerikanischer Todesschwadronen, wie das Internationale Rote Kreuz und die israelische Zeitung »Jerusalem Post« berichteten.

Seit der Besetzung der West Bank im Jahre 1967 und sogar noch nach Ausbruch der Intifada im Jahre 1987 wollten viele Israelis, aber auch viele seiner westlichen Freunde nicht wahrnehmen, daß die demokratische Substanz eines Staates auf Dauer Schaden nehmen muß, wenn er zwar im eigenen Land demokratische Verhältnisse bewahrt, gleich nebenan aber als menschenrechtsverletzende Besatzungsmacht auftritt. »Sollte die Konfrontation mit den Palästinensern anhalten, wird Israel den größeren Schaden erleiden, der nicht nach Toten und Verletzten berechnet werden kann«, warnte Henryk M. Broder seine Landsleute schon vor Jahren. Heute bereits ist die Armee in die politische Auseinandersetzung einbezogen, weil sie die Funktion einer Miliz zur Unterdrückung von Zivilisten wahrnehmen muß und dabei keinerlei Erfolg hat – ganz im Gegensatz zu den bisher von ihr siegreich geführten vier Kriegen. Im

Über der Klagemauer leuchtet die goldene Kuppel des Felsendoms

Dezember 1990 zitierte die Zeitung »Haaretz« einen »hochgestellten Vertreter der Militärgerichtsbarkeit«, der die Wirksamkeit der angewandten Praktiken in Zweifel zog: »Es kann nicht gesagt werden, daß wir die Intifada zerschlagen oder daß wir einen Rückgang der Gewalt bewerkstelligt hätten, obgleich wir Hunderte von Häusern zerstört und Dutzende von Einwohnern der besetzten Gebiete ausgewiesen haben.«

Der der Arbeiterpartei angehörende Teddy Kollek ist in seinem Jerusalem nicht für die Menschenrechte zuständig; die fallen in das Ressort des Innenministers, und den bestimmte bis zur Wahlniederlage Yitzak Shamirs 1992 zwanzig Jahre eine konservativ geführte israelische Regierung. Aber die Regierung Rabin tut sich genau so schwer mit den Menschenrechten.

Israel – und mit ihm seine Hauptstadt Jerusalem – sind im Begriff sich zu verändern. Nicht in der Weise, daß ausländische Besucher gefährdet wären oder nicht ihre touristischen Vorstellungen verwirklichen könnten, nein, aber die fremden Besucher können jetzt nicht mehr während ihres Aufenthaltes übersehen, daß Unrecht und Gewalt im Land geschehen, Unrecht in erster Linie an der palästinensischen Bevökerung. Als »Rhinozerisierung« bezeichnete die israelische Soziologin Esther Aviad diesen Veränderungsprozeß, weil die Israelis sich an diese Gewalttätigkeit gewöhnen und Fanatismus zunehmend um sich greift. Amos Oz, der Friedenspreisträger des Deutschen Buchhandels von 1992, gehört zu den vielen israelischen Intellektuellen, die diese Entwicklung in ihren Büchern bedauern. Besonders anschaulich führt er seinen Lesern die Schwierigkeiten des Verstehens und einer Verständigung zwischen Juden und Arabern in dem Werk »Länder des Schakals« vor Augen. Sein jüdischer Schriftstellerkollege David Grossmann, Autor des Buches »Der gelbe Wind«, eine einfühlsame Beschreibung der Palästinensermisere, die vor dem Ausbruch der Intifada erschien, beschrieb 1991 in der französischen Zeitung »Le Monde« das israelische Trauma: »In gewissem Sinn sind wir Opfer unserer Geschichte und unserer Psychologie. Aber heute, bezüglich der Palästinenser, sind wir die Unterdrücker. Es ist nicht einfach, dies zuzugeben. Aber ich weigere mich, die Unterdrücker als Opfer zu betrachten. Wenn wir Opfer sind, dann sind wir Opfer unserer eigenen Ängste. Es ist wahr, daß es in vier oder fünf Jahrzehnten Kriege gegeben hat, die uns hätten vernichten können«, und um seine Position und die vieler israelischer Linker zu verdeutlichen, fährt er fort, »fragen Sie sich ehrlich. Sie selbst, wären Sie in einer solchen Situation fähig, Ihre Ängste zu überwinden und abzulegen, um Ihre Mitbürger zu ermahnen, politische Zugeständnisse zu machen und das Risiko auf sich zu nehmen, Ihren Feinden zu trauen?«

Zwar sind Stacheldrahtverhaue und Minenfelder, die einst Ostjerusalem von Westjerusalem trennten, weggeräumt und neuen Bauten und breiten Straßen gewichen. Aber seit Ausbruch der Intifada gibt es wieder die alte Grenze, nicht realiter, aber als eine geographische des Mißtrauens und der Furcht. Sicher fühlen sich Juden nur in der Neustadt Westjerusalems, die Palästinenser nur in ihrem Ostjerusalem. Zu Begegnungen kommt es kaum. Es gibt sogar Tage, da wird die Vereinigung Jerusalems offiziell von israelischer Seite aufgehoben. Als Jerusalem am 31. Mai 1992 den 25. Jahrestag der »Vereinigung« feierte, war Palästinensern das Betreten Westjerusalems verboten. Ostern 1993 wurde die Westbank wochenlang hermetisch von dem von Israel annektierten Ostjerusalem abgetrennt, so daß über eine Million Palästinenser keinen Zutritt zu ihren bedeutendsten Moscheen hatten.

Wie soll es mit Jerusalem weitergehen? »Wünschet Jerusalem Glück!«, verkündet der 122. Psalm. »Es möge Frieden sein in deinen Mauern und Glück in deinen Palästen. Um meiner Freunde und Brüder willen will ich dir Frieden wünschen.« Doch ob der Wunsch Gottes wohl in Erfüllung gehen kann, wenn die Angesprochenen nichts dazu beitragen?

Teddy Kollek kann sich nach einer ausreichenden Übergangszeit, die der Vertrauensbildung zwischen Israelis und Arabern dienen soll, einen palästinensischen Staat in der West Bank und im Gaza Streifen vorstellen. Solche Gedanken wagten andere israelische Politiker bisher nicht offen auszusprechen. Aber Jerusalem, das betont auch Teddy Kollek, »ist ein untrennbarer Teil des Staates Israel, seine ewige Hauptstadt.«

Für die Araber aber ist Jerusalem Teil des Verhandlungspakets, wenn es bei den gegenwärtigen Friedenskonferenzen um den Tausch »Land für Frieden« geht. Weil sie die hohe symbolische Bedeutung Jerusalems für die Juden und die unnachgiebige Haltung der israelischen Regierung kennen, suchen sie nach Lösungen in dieser Frage, die auch Israel akzeptieren kann. Vor diesem Hintergrund schlug der höchste Berater König Husseins 1992 in der amerikanischen Zeitschrift »Foreign Affairs« ein ungeteiltes Jerusalem vor, das Hauptstadt zweier Staaten – Israels und Palästinas – sein könnte. »Zwei Völker leben in dieser Stadt«, meint auch Hanna Siniora, Chefredakteur der englischsprachigen arabischen Jerusalemer Tageszeitung »Al Fajr«. »Der einzige Weg, den palästinensisch-israelischen Konflikt zu lösen, ist Jerusalem zur Hauptstadt beider Staaten zu machen. Nur so können wir wirklich Frieden und Koexistenz erreichen.« Er schlägt für beide Teile Jerusalems jeweils eigene Kommunalverwaltungen unter dem Dach eines Gesamtkommunalrates für ganz Jerusalem vor. Jüdische Wissenschaftler äußerten sich 1991 an der US-amerikanischen Stanford University in ähnlicher Weise, und der israelische Abgeordnete und Schriftsteller Uri Avnenj wirbt seit langem für diese Lösung.

Die Chance für Frieden liegt damit auf dem Tisch. Vielleicht bewegt sich die neue israelische Regierung unter Yitzak Rabin ein wenig in diese Richtung. Um des Friedens willen, ist es Jerusalem, seinen Bewohnern und seinen Besuchern von ganzem Herzen zu wünschen.

Was schauen wir uns an?

Felsendom und Klagemauer sind nicht die einzigen Attraktionen

Jerusalem ist keine Stadt für ein paar Tage – ein ganzes Leben würde nicht einmal reichen, um sie wirklich kennenzulernen, behaupten die einheimischen Stadtführer. Und doch zögern die israelischen Agenturen nicht, Kunden Kurzprogramme, darunter sogar »Yerusalem in one day«, anzubieten.

Viele der Sehenswürdigkeiten Jerusalems liegen in der Altstadt, deren orientalischer Charakter sich aus ihrer Geschichte und ihrer überwiegend palästinensischen Bevölkerung erklärt. In die ummauerte Altstadt gelangt man heute nur durch eines von sieben Stadttoren und muß sich in ihr zu Fuß bewegen, weil die engen, oft von Treppen unterbrochenen Gassen keine andere Möglichkeit zulassen, um einen ersten Eindruck zu gewinnen. Man kann mit einem Spaziergang auf der Stadtmauer beginnen, vorzugsweise am Jaffa- oder Zionstor. Jedes der vier Viertel der Altstadt hat seinen unverwechselbaren Reiz, den man sehr schnell spürt und zu dem jeweils die großen Bauwerke der konkurrierenden Religionen verstärkend beitragen.

Außerhalb der Mauer beginnt im Westen das neue, israelische Jerusalem; die arabisch dominierte Altstadt wird zur besseren Orientierung deshalb Ostjerusalem genannt. Vor den Mauern Ostjerusalems verlief bis 1967 die Grenze zwischen Jordanien und Israel.

In Jerusalem kann man bei den meisten Orten und Sehenswürdigkeiten keine eindeutige Zuordnung vornehmen. Viele der Baudenkmäler von hoher historischer und architektonischer Bedeutung sind darüber hinaus Kirchen, Museen, Friedhöfe und Bildergalerien in einem. Bei Besichtigungsstätten wie dem Tempelberg, der Klagemauer oder dem Ölberg erscheint das besonders schwierig. Deshalb wird bei der nachstehenden Beschreibung der ausgewählten Orte und Stätten keine Unterteilung vorgenommen, sondern sie werden nach dem Alphabet hintereinander vorgestellt.

Symbol für den islamischen Glauben: die Al-Aqsa-Moschee

Weil es in Jerusalem so vieles anzuschauen gibt und bedeutende Sehenswürdigkeiten auch außerhalb des Zentrums liegen, die Besucher aber meist wenig Zeit mitbringen, hatte die Stadtverwaltung vor Jahren schon eine gute Idee: die Buslinie 99. Jede halbe Stunde fährt dieser Bus entlang einer Route, an der 35 wesentliche Gebäude und Schauplätze Jerusalems liegen: die Gedenkstätte Yad Vashem ebenso wie der Ölberg und die Knesset. Der 99er Bus fährt entlang den bekannten Einkaufsstraßen und natürlich auch rund um die Altstadt mit ihren Stadttoren. An jedem Halteplatz kann man aussteigen und mit derselben Fahrkarte nach der Besichtigung in den darauffolgenden Bus wieder einsteigen und zur nächsten Sehenswürdigkeit fahren. Im Sommer 1993 fuhr die Linie 99 nur noch viermal am Tag. Somit bleibt zumindest die Möglichkeit, auf einer Rundfahrt eine erste Orientierung zu gewinnen.

MARCO POLO TIPS FÜR BESICHTIGUNGEN

1 Klagemauer
Identitätssymbol jüdischer Geschichte, Kultur und Religion; die heiligste Stätte der Juden (Seite 31, 32)

2 Felsendom
Das älteste islamische Bauwerk von monumentalen Ausmaßen, zugleich einer der schönsten Bauten des Mittleren Ostens (Seite 24–26)

3 Grabeskirche
Ort der Kreuzigung, Grablegung und Auferstehung Jesu (Seite 28, 29)

4 Jüdisches Viertel
Jüdische Präsenz seit 3000 Jahren in der Altstadt, vorbildlich restauriert und rekonstruiert (Seite 29–31)

5 Al Aqsa
Die ehrwürdigste Moschee Jerusalems, bis heute ein Ort großer politischer Symbolkraft (Seite 17, 18)

6 Ölberg
Mit knorrigen Olivenbäumen bewachsener Hügel biblischen Geschehens (Seite 34–36)

7 Modell des römischen Jerusalems
Topographisch exakt auf einer Fläche von 10 m × 10 m, eine Rekonstruktion zum Anfassen (Seite 33, 34)

8 Via Dolorosa
Der bekannteste Weg durch die winkligen Gassen der Altstadt (Seite 38–41)

9 Mea Shearim
Jiddisches Leben gemäß der Thora in den Traditionen Osteuropas (Seite 33)

10 Ophel
Ein »Archäologischer Garten« mit freigelegten Ruinen aus den Tagen Salomons bis zu denen Suleimans (Seite 36, 37)

Äthiopisches Kloster

(Deir al-Sultan)
Ein Priesterhof aus 20 weiß gekalkten Lehmhütten, in dem heute noch 26 äthiopische Mönche leben. Er liegt auf dem Dach der Grabeskirche, direkt über der Kapelle St. Helena.

Äthiopische Christen befinden sich seit dem 4. Jh. im Heiligen Land. Sie glauben, daß König David Stammvater ihrer Dynastie und somit Vater ihrer Kirche ist, die von König Menelik, dem Sohn König Salomons und der Königin von Saba, gegründet wurde.

Die schwarzen Mönche werden von der ägyptisch-koptischen Kirche, die sich unmittelbar nebenan befindet, nicht anerkannt. Sie beansprucht seit Jahrhunderten den Platz der Äthiopier auf der Grabeskirche. Aber weder Briten, Jordanier noch Israelis haben ihrem Ansinnen nachgegeben. Die schattenspendenden Bäume im Dorf laden zum Verweilen ein. Wenn Sie bescheiden auftreten, haben die Mönche (Durchschnittsalter: 75 Jahre) nichts dagegen, wenn Sie sich auf ihren Bänken etwas ausruhen. Vielleicht wird einer ein Gespräch mit Ihnen beginnen. (D4) *Öffnungszeiten wie die der Grabeskirche, Eintritt frei; Zugang vom Vorplatz der Grabeskirche, Alternative: innerhalb der Grabeskirche über die linke Treppe in der äthiopischen Kapelle; Christliches Viertel, Altstadt*

Al-Aqsa-Moschee

★ Ist für die Juden in aller Welt die Klagemauer das einzigartige Symbol von Gläubigkeit und Solidarität, so übernimmt für den Islam nach den weltbekannten Orten Mekka und Medina in Jerusalem die Al-Aqsa-Moschee diese Funktion. Sie steht buchstäblich nur einen Steinwurf von der Klagemauer entfernt und ist zusammen mit dem Felsendom die bedeutendste religiöse Stätte auf dem Tempelberg, den Kalif Omar 638 zum »Haram es Sharif«, zum heiligen Besitz des Islam erklärt hatte. Die »Al Aqsa« ist die größte Moschee Jerusalems. Fünftausend Gläubige können sich in ihr gleichzeitig gen Mekka verneigen. Fertiggestellt wurde die Moschee 714 von Kalif Abdul Walid, dem Sohn des Erbauers des Felsendoms. Sie markiert den Endpunkt der in der 17. Sure des Koran beschriebenen wundersamen Nachtreise des Propheten von Mekka zu dem »am weitesten entfernten Gebetsplatz« (Al Aqsa = die »Entfernte«), um dann vom unmittelbar daneben liegenden Felsen (heute im Felsendom) gen Himmel zu reiten. Nicht zufällig war der entfernte Gebetsplatz ein Ort mit religiösen Traditionen, und deshalb prallen hier bis heute religiöse Empfindlichkeiten manchmal auch gewalttätig aufeinander.

Durch das Hauptportal der Moschee gelangt der Besucher in ein prächtiges 17 m hohes Mittelschiff, an dessen Seiten drei weitere niedrige Seitenschiffe verlaufen. Die ganze Moschee ist mit Teppichen ausgelegt. Säulen stützen die Bogenarkaden zwischen den Flügeln. 746 und 1033 wurde die Moschee durch Erdbeben stark beschädigt. Ihre heutige Gestalt geht auf den Kalifen Al Sahir zurück. Er baute die silberne Kuppel und die sieben Eingangsbögen an der Nordseite des Gebäudes. Die Kreuzritter nutzten die Al Aqsa seit 1119 als Palast ihres Königs von Jerusalem, später als Hauptquartier der Tempelritter. Erst mit der Vertreibung der Kreuzritter aus Jerusalem durch Saladin im Jahre 1187 erhielt das Bauwerk wieder seine ursprüngliche Bestimmung als Moschee. Saladin schmückte das große rechteckige Bethaus mit Mosaiken aus und stiftete den Mihrab, die gen Mekka gerichtete Gebetsnische, und eine wunderschöne Kanzel aus Ebenholz mit Perlmuttintarsien. Zum letzten Mal wurde die Al Aqsa während des Zweiten Weltkrieges restauriert. Zwölf Säulen aus Carrara-Marmor (ein Geschenk Mussolinis) und eine neue Holzdecke (ein Geschenk des Ägypters Faruk) wurden eingezogen.

Nicht nur religiöse, auch hohe politische Bedeutung kommt der Al Aqsa zu: In ihr wurde 1950 der jordanische König Abdalla, der Vater des jetzigen Königs Hussein, von einem religiösen Fanatiker ermordet, und der ägyptische Präsident Sadat betete dort 1979 als erstes arabisches Staatsoberhaupt nach der israelischen Annexion Ostjerusalems. Anschläge in und auf die Moschee sind keine Seltenheit. 1969 versuchte ein australischer (geistesgestörter?) Christ, die Moschee anzuzünden; Saladins Kanzel fiel damals dem Brand zum Opfer. 1984 wurde eine Gruppe jüdischer Extremisten gerade noch rechtzeitig verhaftet, als sie die Moschee in die Luft sprengen wollte. (E 5) *Sa bis Do 8.30–11, 12.15–14, 15.30 bis 18 Uhr, Fr und an islamischen Feiertagen geschl. Die Öffnungszeiten richten sich nach den Gebetszeiten, die sich am Stand der Sonne orientieren; deshalb können sich die Öffnungszeiten während des Jahres um ½–1 Stunde verschieben; Eintritt vgl. Felsendom; Tempelberg, Altstadt*

Altstadt

Die nur einen Quadratkilometer große Altstadt Jerusalems wird seit dem 16. Jh. von einer bis zu zwölf Meter hohen und an manchen Stellen vier Meter dicken Mauer umgeben. Sultan Suleiman, mit dem Beinamen »der Prächtige«, ließ sie zwischen 1535 und 1540 streckenweise auf den Fundamenten byzantinischer und herodianischer Mauerstücke errichten. In der ummauerten Altstadt liegen die großen heiligen Stätten der drei Religionen: Klagemauer, Felsendom und Grabeskirche. Nach der britischen Mandatszeit gehörte die Altstadt zu Jordanien, bis sie 1967 von Israel erobert und besetzt wurde. Seit etwa zehn Jahren wird die Stadtmauer abschnittsweise ausgebessert, so daß man auf ihr spazierengehen kann. Ein Rundgang auf der Mauer ermöglicht einen Blick von oben über das Labyrinth von Straßen und Gäßchen der alten Viertel.

Die Altstadt ist in vier Viertel (›Quarters‹) unterteilt, in denen jeweils die Gemeinden – Christen, Juden, Moslems und Armenier – in der Nähe ihrer religiösen Zentren leben und nach denen die jeweiligen Viertel benannt sind. *Das Arabische Viertel* ist das ausgedehnteste. Es umfaßt den Tempelberg, den Haram es Sharif mit den beiden großen Moscheen und die Basarstraßen; zu erreichen ist es am schnellsten durch das Damaskus- und Herodestor. *Das Jüdische Viertel*, westlich der Klagemauer, betritt man durch das Mist- beziehungsweise Zionstor; es wurde nach 1967 restauriert und ist heute das schönste Viertel der Altstadt. Im *Christen-Viertel* mit der Grabeskirche befinden sich mehrere Klöster, Kirchen und christliche Pilgerinstitutionen. *Das Armenische Viertel* hinter der Davidszitadelle ist das ruhigste und abgeschlossenste aller Viertel; in seinem Zentrum steht die Jakobus-Kirche. Die beiden letztgenannten Viertel erreicht man am besten durch das Jaffator. (D–E 4–5) *Altstadt*

Altstadt-Tore

In die ummauerte Altstadt gelangt man derzeit durch sieben mächtige Stadttore, ein achtes ist seit Jahrhunderten verschlossen. Drei der acht Tore ließ Sultan Suleiman zwischen 1535 und 1540 neu errichten. Drei ältere setzte er instand (Jaffa-, Zion- und Damaskustor).

– *Jaffator* (Shaar Yafo, Bab El Khalil, Jaffa Gate) Das bekannteste und im 19. Jh. verbreiterte Tor im Westen der Altstadt, durch das 1898 Kaiser Wilhelm II. und 1917 General Allenby in die Stadt ritten. Es ist eines der drei alten Stadttore; durch dieses Tor verließ man die Stadt, wenn man zum Hafen Jerusalems, nach Jaffa, gelangen wollte. Heute stellt es die Verbindung zur Neustadt her. (D 5)

– *Ziontor* (Shaar Ziyon, Bab Nabi Daud, Zion Gate) Vor dem Tor erhebt sich außerhalb der Altstadt der Zionsberg mit dem Grab Davids, den man durch dieses Tor auf dem kürzesten Wege erreicht und das die Moslems auch deshalb Davidstor nennen. Es ist eines der alten Tore, dem Sultan Suleiman 1540 seine heutige Form gab. (D 5)

– *Misttor* (Shaar Ha Ashpot, Bab Silwan, Dung Gate), durch das früher die Abfälle der Stadt ins Kidrontal geworfen wurden. Bis zum Ende der britischen Mandatszeit war es ein winkliges Tor, welches das Eindringen von Feinden in die Stadt erschweren sollte. 1948 wurde es von den Jordaniern für die Durchfahrt ihrer Fahrzeuge verbreitert; es ist das nächste Tor zur Klagemauer. (E 5)

– *Goldenes Tor* (Shaar Ha Rahamin, Bab Er Rahma, Golden Gate) Es wurde von den Türken im Zuge des Baus der Mauer versiegelt, weil nach jüdischem Glauben am »Ende aller Tage« der Messias durch dieses »Tor der Barmherzigkeit« Jerusalem betreten würde; das galt es zu ver-

Die Marco Polo Bitte

Marco Polo war der erste Weltreisende. Er reiste in friedlicher Absicht, verband Ost und West. Er wollte die Welt entdecken, fremde Kulturen kennenlernen, nicht zerstören. Könnte er für uns Reisende des 20. Jahrhunderts nicht Vorbild sein? Aufgeschlossen und friedlich sollte unsere Haltung in anderen Ländern sein. Dazu gehören auch Respekt vor Mensch und Tier und die Bewahrung der Umwelt.

WWF

Im Arabischen Viertel am Damaskustor

hindern. Nach christlicher Vorstellung ist Jesus am Palmsonntag durch dieses Tor auf einem Esel in die Stadt geritten. (E 4)

– *St.-Stephans-Tor oder Löwentor* (Shaar Ha Ayarot, Bab Sittna Mariam, Lion's or St. Stephen's Gate) In einem Traum soll Sultan Suleiman aufgetragen worden sein, Jerusalem mit einer Mauer zu umgeben, wenn er nicht von Löwen getötet werden möchte; in Stein gehauene Löwenpaare an den Torseiten erinnern daran. Nach christlicher Überlieferung wurde hier der heilige Stephan gesteinigt. Hinter dem Löwentor beginnt die Via Dolorosa, gegenüber dem Tor liegt am Fuße des Ölbergs der Garten Gethsemane. (E 4)

– *Herodestor* (Shaar Hordus, Bab El Zahira, Herod's Gate) Benannt nach König Herodes, der sehr viele Bauwerke in Jerusalem errichten ließ und dessen Palast sich in der Nähe befand. Durch das Herodestor gelangt man in das Arabische Viertel der Altstadt. (E 4)

– *Damaskustor* (Shaar Shekhem, Bab El Amud, Damascus Gate) Genannt nach der Straße, die von hier über Nablus (Sichem) nach Damaskus führte. Teile der inneren Toranlage stammen aus römischer Zeit, vor dem Tor findet man Abschnitte einer gepflasterten römischen Straße. Seine heutige Form jedoch verdankt es Sultan Suleiman. Durch das Damaskustor betritt der Besucher das Arabische Viertel und ist sofort im Basar. Unter dem Damaskustor ist eine römische »Piazza« aus der Zeit Kaiser Hadrians freigelegt worden mit einer Mosaikkarte Jerusalems aus dem 6. Jh. (D 4)

– *Neues Tor* (Shaar Hadash, Bab El Jadid, New Gate) Es trägt seinen Namen zu Recht, denn es wurde erst viel später, 1896 von Sultan Abdul Hamid in die Mauer geschlagen, um einen bequemen Zugang zu den außerhalb der Mauer gelegenen Wohnvierteln zu schaffen. (D 4)

Anna-Kirche

Kreuzfahrer erbauten 1140 nahe dem Stephanstor zu Ehren der Eltern Marias, der heiligen Anna und des heiligen Joachims, diese Kirche. Sie ist eines der besterhaltenen Bauwerke Palästinas aus der Kreuzfahrerzeit. Anna soll hier nahe dem Bethesda Teich Maria geboren haben. (E 4)
Mo–Sa 8–12 und 14–17 Uhr, Eintritt 1,50 US $, Altstadt, Stephanstor

Armenisches Viertel

Das Viertel der armenischen Christen liegt im südwestlichen Teil der Altstadt zwischen Jaffa- und Zionstor. Die Anwesenheit der Armenier in Jerusalem wird seit dem 5. Jh. beurkundet; heute leben noch ca. 2000 von ihnen in ihrer kleinen Stadt innerhalb der Stadt. Die Zeit scheint hier stehengeblieben zu sein. Kontemplative Stille breitet sich zwischen den engen Gassen mit den dreistöckigen Wohnhäusern, Bibliotheken, Kirchen, Klöstern und Werkstätten aus; Cafés, Restaurants oder Geschäfte sucht man vergebens.

Im Zentrum des Armenier-Viertels steht der Kuppelbau der *Jakobuskirche* (St. James Cathedral), wohl das stillste und ruhigste Gotteshaus in Jerusalem, dessen Würde sich beeindruckend abhebt von der Geschäftigkeit in der Grabeskirche. Apostel Jakobus, Schutzpatron und Namensstifter, wurde als erster Bischof von Jerusalem, 44 unter Herodes Agrippa enthauptet. Die nach ihm benannte Kathedrale wurde in ihrer jetzigen Form von den Kreuzfahrern auf den Grundmauern einer Kirche aus dem 7. Jh. errichtet. Im Inneren des dreischiffigen Baus liegen kostbare Teppiche, und eine hohe Ikonostase verdeckt den Blick in die Apsis. *(Die Jakobuskirche ist nur während der Gottesdienste geöffnet; Mo–Fr 15–15.30, Sa und So 14.30–15.15 Uhr)*

Direkt neben der Jakobuskirche liegt das Museum für armenische Kunst und Geschichte. Innerhalb des Viertels steht auch die *Markuskirche*, die ebenfalls im 12. Jh. von den Kreuzfahrern errichtet wurde. Sie gehört den syrischen Jakobitern, eine Gemeinde, die nur noch 70 Mitglieder in Jerusalem zählt, die aber auch eine Kapelle in der Grabeskirche »besitzt«. Die Markuskirche wurde an der Stelle errichtet, an der das Wohnhaus der Maria, der Mutter des Evangelisten Markus einst stand. Maria wird in der Kirche auf einem großen byzantinischen Gemälde verherrlicht. *(Mo–Sa 9–12 und 15.30–18 Uhr)*

In den Straßen des Armenischen Viertels begegnet man sehr oft schwarz gekleideten Mönchen; auch die Schulkinder tragen dunkle Anzüge, die Mädchen schwarze Kleider. Besuchern geben sie alle freundlich Auskunft. (D 5)

Berg Zion

Der Berg Zion, ein Ort, der gleich auf mehrere bedeutende Ereignisse der jüdischen und christlichen Geschichte verweist, liegt außerhalb, aber unmittelbar an der Stadtmauer des Armenischen Viertels in südwestlicher Richtung; östlich davon liegt die Davidsstadt am Berg Ophel. Hier befindet sich das Grab König Davids, hier begingen Jesus und seine Jünger das Abendmahl, am östlichen Abhang hat Petrus seinen Herrn – »noch bevor der Hahn krähte« – dreimal verleugnet.

Das überragende Bauwerk auf dem Zionsberg ist die *Dormitio-Kirche* (Dormition Abbey). Sie wurde 1906 im Auftrag Kaiser Wilhelms II. vom Kölner Dombaumeister Renard fertiggestellt; zuvor hatte Sultan Hamid das Gelände dem deutschen Kaiser geschenkt. Die Kirche steht an der Stelle, an der Maria gestorben ist (Dormitio = Totenschlaf). In der Krypta erinnert eine Ebenholzplastik an die entschlafene Mutter Jesu. Die Kuppel der Krypta schmückt ein Mosaik, auf dem Jesus seiner Mutter die seltsam anmutende Aufforderung (Hohelied 2,13) zuruft: »Stehe auf, meine Freundin, und komme, meine Schöne, komm her!« *(Tgl. 9–12 und 14–16 Uhr)*

Unmittelbar neben der Dormitio-Kirche findet man in einem verschachtelten Gebäude mit Minarett den *Abendmahlssaal* (Coenaculum, Room of the Last Supper) und das *Grab Davids* (David's Tomb). Das Coenaculum ist ein karger Raum, in dem arabische Schriftzeichen und eine Gebetsnische (Mihrab) gen Mekka darauf hinweisen, daß er später (seit 1551) als Moschee diente. An diesem Ort feierte Jesus mit seinen Jüngern gern am Passah-Fest das Abendmahl und sprach die für die christliche Liturgie so bedeutenden Worte: »Nehmet hin und esset, das ist mein Leib«. Unterhalb des Abendmahlsaals befindet sich das Grab Davids, ein (leerer) Steinsarkopharg, gehüllt in eine schwarze Decke. *(Tgl. 9–16 Uhr)*

In der Nähe des Grabes erinnert eine *Gedenkstätte* an das leidvollste Ereignis der jüngsten jüdischen Geschichte, der »Keller des Holocaust« (Martef Ha-Shoah). Hunderte von Gedenktafeln tragen die Namen der jüdischen Gemeinden in Europa, die von den Nazis ausgelöscht wurden. *(Tgl. 9–16 Uhr)*

Am Osthang des Zionsberges erhebt sich die *Kirche* »Sankt Peter zum Hahnenschrei« (St. Peter in Gallicantu). In ihr wird an die Verleugnung Jesu durch Petrus erinnert. *(Mo–Sa 8.30–12 und14–17 Uhr)* (D 5–6) In allen Einrichtungen auf dem Zionsberg Eintritt frei, Zionsberg (oberhalb des Hinomtals), Bus 1

Bethesda-Teich

Im Hofe des St.-Anna-Klosters wurde der 120 m lange, 60 m breite und 7 m tiefe Teich freigelegt, der während der Zeit des Zweiten Tempels rituelle Bedeutung hatte und dem heilende Kräfte zugesprochen wurden. Diese vermuteten Heilkräfte gaben dem Teich den griechischen Namen: Bethesda. Über dem Teich wölbten sich ursprünglich fünf große Hallen, in denen die Leidenden sich aufhielten, die auf wundersame Heilung hofften und an denen auch Jesus seine Krankenheilungen vollbracht haben soll. Über den Teich bauten die oströmischen Kaiser im 5. Jh. eine byzantinische Basilika, von der nur noch Säulenreste und Pfeiler vorhanden sind. (E 4) *Tgl. 8.30–12 und 14–17 Uhr, Eintritt frei, im Hofe des St.-Anna-Klosters, Altstadt*

Chagall-Fenster

Der französische Maler Marc Chagall hat für die Synagoge des neuen Hadassah-Hospitals im Stadtteil En Kerem (das alte Hospital auf dem Skopusberg war seit 1948 von der Stadt abgeschnitten) zwölf Fenster gestaltet. Jedes der Fenster ist einem der zwölf Stämme Israels gewidmet. Die Farben blau, grün, goldgelb und rot dominieren in dem Kunstwerk. Bei der Einweihung der Synagoge am 6. Februar 1962 war Marc Chagall selbst anwesend. Einige Löcher in den Fenstern stammen aus dem Krieg 1967. Marc Chagall ließ sie nach der Restaurierung zum Gedenken bestehen. (außerhalb A6) *Führungen So–Do stündlich zwischen 8.30 und 12.30 Uhr, Hadassah-Hospital, Eingang Kennedy Building, Kennedy Boulevard, Bus 19, 27*

Christliches Viertel

Der nordwestliche Teil der Altstadt ist den Christen vorbehalten; Jaffator und Neues Tor ermöglichen den bequemen Zugang. Im Mittelpunkt steht die Grabeskirche und die sie umgebenden Bauten. Nahezu 30 unterschiedliche Kirchengemeinden haben in diesem Viertel ihre zentralen Institutionen, unterhalten Klöster, Kirchen, Schulen und Hospize. Hier residieren die hohen Würdenträger von annähernd zwei Dutzend christlichen Glaubensrichtungen. Europäische Besucher lernen in den engen Gassen des Viertels und beim Besuch der Grabeskirche zum ersten Mal in ihrem Leben die bunte, verwirrende Vielfalt innerhalb der Christenheit kennen. Da liegt das Lateinische Patriarchat neben dem Griechischen, und gegenüber vertritt der Titularerzbischof von Tarsus den Patriarchen von Antiochien und die melkitische Kirche. Erzbischöfe der maronitischen, der armenisch-katholischen, der koptischen und der äthiopischen Kirche haben ihren Sitz ebenfalls im Viertel. Zur Gruppe der unierten Christen, die sich trotz eigener Rituale eng mit dem Papsttum verbunden fühlen, gehören in der Jerusalemer Altstadt noch die ruthenische, die rumänische, die bulgarische, die chaldäische und die syrisch-malabaresische Kirche. Der Vatikan und die römisch-katholische Kirche sind durch die Franziskaner vertreten; ihnen als der ältesten, größten und reichsten Gemeinde ist der Schutz der Terra Sancta anvertraut. Zu diesen Kirchen gesellen sich natürlich noch die orthodoxen Christengemeinschaften, allen voran die griechisch-orthodoxe und die russisch-orthodoxe Kirche, aber auch die apostolisch-armenischen Gregorianer und die altapostolischen Nestorianer. Von den vielen, weltweit verstreuten lutherischen Kirchen sind in Jerusalem besonders die Anglikaner und die deutschen Protestanten stark präsent.

Zur Zeit leben in ganz Jerusalem noch ca. 5000, im Christlichen Viertel davon weniger als 2000 Menschen christlichen Glaubens; vielen der Klöster fehlt es an Novizen. Nur an den großen christlichen Feiertagen sind die Kirchen gut besucht, dann allerdings von angereisten Touristen. (D4) *Genauere Auskunft über einzelne Konfessionen oder eine ihrer Institutionen beim*

Christian Information Centre, Omar Ibn Khattab Square, am Jaffator, Mo–Sa 8.30–12.30 und 15 bis 17.30 Uhr

Davidszitadelle

(Tower of David)

Über die Geschichte Israels kann man sich in Jerusalem am besten ein Bild machen, wenn man die Zitadelle besucht, die heute den Namen des Königs David trägt. Der mehrmals zerstörte und wiederaufgebaute Gebäudekomplex befindet sich in unmittelbarer Nähe des Jaffators und hatte mit seinen Türmen über Jahrtausende die Aufgabe, Jerusalem gen Westen zu schützen. Bis 1967 trug die Festung den Namen »Palast des Herodes«, weil der zur Zeit Christi lebende König sie in enger Verbindung zu seinem Wohnbereich erbauen ließ; doch 1970 entdeckten die Israelis wesentlich ältere Grundmauern. Vom römischen Kaiser Hadrian im Kampf mit den jüdischen Zeloten zerstört, ließ Sultan Suleiman die Zitadelle im 16. Jh. wiederaufbauen; das Minarett – heute fälschlicherweise Davidsturm genannt – wurde erst 1665 angefügt. Seit 1989 beherbergt die Zitadelle das »Museum der Geschichte Jerusalems«. (D 5) *So bis Do 10–17 Uhr (vom 1. 6.–31. 8. bis 19 Uhr), Fr und Sa 10 bis 14 Uhr; kostenlose Führung in englischer Sprache jeweils um 11 Uhr; Eintritt für Zitadelle und Museum 15 NIS*

Im Hof der Zitadelle (im Winter im Museum) erläutert eine überaus eindrucksvolle, fünfundvierzigminütige »Sound and Light Show« mit dem Titel »A Stone in David's Tower« die Geschichte Jerusalems und die Bedeutung der Stadt für die drei monotheistischen Religionen. *Mo, Mi, Sa 20.30 Uhr (englisch), Mi 21.30 Uhr (deutsch) (vom 1. 4.–31. 10. eine Stunde später); Eintritt 12 NIS*

Erlöserkirche

In der Nähe der Grabeskirche findet man die protestantische Erlöserkirche. Das Grundstück, auf dem sie steht, der Muristan, hat eine bewegte Geschichte. Haron Al Rashid schenkte es Karl dem Großen, der ein Pilgerhospiz darauf errichtete. Später ging es an den Orden der Johanniter, den Sultan Saladin 1187 zusammen mit den Kreuzrittern vertrieb. 1869 schenkte es der türkische Sultan dem preußischen König Wilhelm I. 1898 weihte dann Kaiser Wilhelm II. die von ihm auf dem Muristan erbaute Kirche feierlich ein »als ein sichtbares Zeugnis der Glaubensgemeinschaft, in welcher die evangelischen Kirchen in Deutschland verbunden sind«. Von dem 46 m hohen Glockenturm, im neu-romanischen Stil, hat man eine wundervolle Aussicht über die Altstadt von Jerusalem, über den Tempelberg bis hin zum Ölberg. (D 4) *Tgl. 8–18 Uhr, Eintritt frei; Turmbesteigung 2 NIS*

Felsendom

(Dome of the Rock, Kubbet es Sakhra)

★ Das älteste islamische Bauwerk von monumentalen Ausmaßen wurde 691 im Auftrag des Kalifen Abdul Malik Ibu Marwin auf dem abgeflachten Felsplateau des Tempelberges in Jerusalem erbaut, genau an der Stelle, an der der Prophet Mohammed gemäß der Überlieferung des Koran (Suren 18 und 53) auf seiner Stute Al Burak seine »Himmelsreise« (miradh) angetreten haben soll. An derselben Strecke hatte Abdul Maliks Vorgänger, Kalif Omar, nach der Eroberung Jerusalems im Jahre 638 ein Gebetshaus errichten lassen (fälschlicherweise trägt der Felsendom daher den Namen Omar-Moschee). Für Abdul Malik Ibn Marwin aus der Dynastie der Omajaden war der Bau einer aufwendigen Moschee von politischem und wirtschaftlichem Interesse, um seinen Gegnern, den Kalifen von Medina, durch einen neuen kultischen Schwerpunkt Einfluß (und das Geld der Pilger) zu entziehen. Mit dem Felsendom entstand damals zugleich ein prunkvoller Kontrapunkt zum Heiligtum der Christen, der Grabeskirche, der die Weltgeltung, die die neue islamische Religion beanspruchte, auch in monumentale Architektur umsetzte.

Die Außenwände der achtekkigen, 36 m hohen Moschee sind mit Marmor und wunderschönen, farbenprächtigen Fayencemosaiken verziert. Den oberen Rand des Oktogons umläuft ein Band aus Kacheln, das in kunstvoller Inschrift – als Alternative zur figürlichen Abbildung, die im Islam verboten ist – die erste der 114 Suren des Koran wiedergibt: »Im Namen Allahs, des Erbarmenden, des Barmherzigen! Lob sei Allah, dem Weltenherren, dem Erbarmenden, dem König am Tage des Gerichts! Dir dienen wir und zu Dir rufen wir um Hilfe. Leite uns den rechten Pfad, den Pfad derer, denen Du gnädig bist, nicht derer, denen Du zürnst und nicht der Irrenden.« Die 16 farbigen Glasfenster der Moschee, von Sultan Saladin eingesetzt, gehören zu den kostbarsten Kunstwerken des Islam und tauchen das Innere des Felsendoms in ein mystisch anmutendes, dämmriges Licht. Die aus vergoldetem Aluminium bestehende Kuppel macht die Moschee im Zusammenhang mit der farbenprächtigen Außenfassade zum Wahrzeichen Jerusalems, das besonders eindrucksvoll vom Ölberg aus zu betrachten ist.

Es gibt vier Eingänge in das Gotteshaus: Den Haupteingang bildet das Westtor, die anderen drei (Mekkator, Gerichtstor und Paradiestor) sind zur Zeit geschlossen.

Keine der Säulen im Innern gleicht der anderen, ihr römischbyzantinischer Einfluß ist unverkennbar. Die Decke ist mit goldbraunen, roten und schwarzen Steinintarsien verziert. Im Zentrum befindet sich der 12 m x 15 m große heilige Fels, auf dem die Fremdenführer den Besuchern die Hufabdrücke von Mohammeds Pferd zeigen. Die Kreuzritter, die die Moschee in eine christliche Kirche umgestalteten, faßten den Heiligen Felsen mit einem schmiedeeisernen Gitter ein, um zu verhindern, daß Pilger sich kleine Felsstücke abbrachen und als Reliquien mitnahmen. Heute umgibt eine Holzeinfassung den Fels. Auf demselben Berg, auf dem auch Teile des salomonischen Tempels standen, wäre Abraham bereit gewesen, – so eine andere Überlieferung – aus Gehorsam gegenüber Gott seinen Sohn Isaak zu opfern. Zum geheimnisvollsten, das der Felsendom beherbergt, gehören drei Haare vom Barte des Propheten. Sie befinden sich in einer silbernen Urne, hinter Gitterstäben in einem vergoldeten Schrein versteckt. Einmal im Jahr werden sie den Gläubigen gezeigt.

In der Krypta des Felsendoms liegen die Gräber der Propheten; sie trägt den Namen *Bir el Arrah* (Brunnen der Geister). Nach der Überlieferung sollen hier Abraham, David, Salomon und Jesus gebetet haben; seitdem versammeln sich hier ihre Seelen zweimal pro Woche zum gemeinsamen Gebet. Diese Stelle gilt den Gläubigen als Mittelpunkt der Welt.

Im Felsendom, einem der schönsten Bauten des gesamten Mittleren Ostens, finden heute keine Gottesdienste mehr statt.

Auf dem Platz zwischen dem Felsendom und der Al-Aqsa-Moschee steht der El-Qas-Brunnen (»Becher«-Brunnen), an dem sich die Gläubigen vor dem Betreten der Moschee reinigen. Schöne alte Bäume spenden Schatten. Auf dem Weg von der Al-Aqsa-Moschee zum Felsendom muß man auf den Stufen zur Terrasse, auf der der Felsendom steht, Arkadenbögen aus dem 14. Jh. passieren. Sie werden als Waagen (Mawazin) bezeichnet, weil an ihnen einst die Waagen hängen werden, die über das Schicksal der Moslems vor Allahs Gericht entscheiden.

In der Moschee ist das Fotografieren verboten. Das Betreten des Gotteshauses ist nur ohne Schuhe, Taschen, Eßwaren und Fotoapparate erlaubt. Strenge Kontrollen vor dem Betreten des Tempelbezirks; wer freizügig gekleidet kommt, erhält einen Umhang. (E 5) *Sa–Do 8–11, 12.15 bis 15, 15.30–17 Uhr; Fr und an islamischen Feiertagen geschl.; Eintritt 20 NIS für Felsendom, Al-Aqsa-Moschee und Islamisches Museum (Karten am Kiosk neben der Al-Aqsa-Moschee, Ermäßigung für Studenten); Tempelberg, Altstadt zu Fuß*

Garten Gethsemane

(Gat Schamanim)
In diesem alten Garten am Fuße des Ölbergs trug sich ein Teil der Leidensgeschichte Jesu zu. Hier stehen herrliche alte Olivenbäume, einer der ältesten Olivenbäume des Gartens wird – so die Überlieferung – als der Baum identifiziert, in dessen Schutz sich die Jünger versammelten, um auf Jesus zu warten, der sich in Todesangst in den letzten Stunden vor seiner Ergreifung seinem göttlichen Vater anvertraute. Deshalb heißt die Kirche im Garten Gethsemane-Kirche auch Basilika der Todesangst. Da für diese katholische Kirche Spenden aus aller Welt eingehen, heißt sie auch »Kirche aller Nationen«. In der Kirche wird die Leidensgeschichte in einer schönen Mosaikarbeit dargestellt. (F 5) *Tgl. 8–12 und 14–18 Uhr, Eintritt frei; außerhalb der Altstadt am Fuße des Ölbergs*

Gartengrab

(Gordon's Calvary)
Das nördlich des Damaskustores liegende Grab wird gerne von protestantischen Christen besucht. Es verdankt seine Bedeutung einem Hobby-Archäologen: Gordon, ein englischer General, hatte Zweifel an der Stätte von Grab und Kreuzigung, denn nach jüdischem Gesetz war eine

Bestattung innerhalb der Stadtmauer nicht erlaubt. Er glaubte, daß ein Hügel, außerhalb des Damaskustors, der eine schädelähnliche Form aufwies (hebr. Golgatha), und tatsächlich auch eine Begräbnishöhle mit zwei Grabkammern enthielt, die wirkliche Grabstätte Jesu sei. Die Grabkammern entstammen zwar dem 5. Jh., doch der herrlich angelegte Garten entschädigt den Besucher für die mögliche historische Ungenauigkeit. (D 3) *Mo–Sa 8–12 und 14–17 Uhr, Eintritt frei; Nablus Road, Bus 27*

Gräber im Kidrontal

Zwischen der Altstadt und dem Ölberg liegt das Kidrontal. Es ist von der südwestlichen Seite der Altstadtmauer gut zu sehen. Bis zum Kidrontal, in dem einst ein dunkler (*kidron*, hebr. = dunkel) Bach floß, hatte sich die Stadt während der Zeit des Ersten Tempels ausgedehnt. In dieser Zeit diente das Tal am Ölberg als Begräbnisstätte, weil es als Tal Yoshafat, dem Ort des Jüngsten Gerichts, betrachtet wurde.

Erst 1925 wurden hier bei Ausgrabungen mehrere monumentale, 2000 Jahre alte Grabdenkmäler entdeckt, die die bedeutendsten Jerusalems sind.

Absalom-Grab. Das 15 m hohe, in den Felsen gehauene, hellenistische Grabmal mit acht Kammern besteht aus einem säulenverzierten hohen Quader von 6 m Kantenlänge als Unterbau, über dessen Giebelfries sich ein runder spitz zulaufender Turm erhebt. Zwar trägt das Grab den Namen des abtrünnigen Sohnes von König David, aber es wurde nachweislich erst im ersten Jahrhundert unserer Zeitrechnung in den Fels gemeißelt. Aus Abscheu vor der frevlerischen Auflehnung des Sohnes gegen den Vater werfen orthodoxe Juden seit Jahrhunderten mit laut artikulierten Verwünschungen Steine auf das Grab.

Bene-Hezir-Grab. Nur 25 m südlich des Absalom-Grabmals ließ die in der Bibel erwähnte Priesterfamilie Bene Hezir sich ebenfalls ein Grab in die Felswand schlagen. Dieses Grab (auch Grab des Jakobus genannt) ist das älteste der Kidron-Gräber. Seine Fassade mit den zwei Säulen vor der dahinter liegenden zentralen Begräbnisstätte trägt deutliche hellenistische Züge.

Zacharias-Grab. Das dritte, wiederum in unmittelbarer Nähe liegende Grab trägt den Namen des Propheten Zacharias, obwohl es nichts mit diesem zu tun hat. Möglicherweise gehörte es auch der Priesterfamilie Bene Hezir, denn es besteht eine unterirdische Verbindung zu deren Grab. Das Grab des Zacharias ist

Objekt des Zorns besonders orthodoxer Juden: das Absalom-Grab im Kidrontal

ein 9 m hohes, ebenfalls in den Felsen gehauenes pyramidenförmiges Monument. (F 5) *Alle Gräber im Kidrontal sind offen zugänglich, Eintritt frei; Kidrons Valley, Bus 1, 43, 44*

Grabeskirche

(Church of the Holy Sepulchre)
★ Die Kirche zum Heiligen Grab ist für die Christen in aller Welt der heiligste Ort, weil es sich nach ihrer Überlieferung um die Stätte handelt, an der Kreuzigung, Grablegung und Wiederauferstehung sich vollzogen. Helena, die Mutter Konstantin des Großen, ließ 326 über diesem Orte eine Kirche bauen, der französische Kreuzfahrer 1149 ihre heutige Form gaben. Eingeengt zwischen den Gassen des Basars, zugebaut von Klöstern und Kapellen, sieht man die feine Steinmetzarbeit ihrer Eingangsfassade erst, wenn man unmittelbar davor im Hofe steht. Über mehrere Stockwerke

Die Grabeskirche, heiligster Ort für Christen aus aller Welt

verteilt, teilweise sehr verschachtelt, beherbergt sie 30 Kapellen. Diese gehören sechs christlichen Kirchen (Armenier, Äthiopier, Griechisch-Orthodoxe, Katholiken, Kopten und syrische Jakobiter), die sich auch den Erlös der Kollekten teilen. Ein nicht enden wollender Streit zwischen den Konfessionen hatte zuvor einen Wetteifer der rechten Gläubigkeit ausgelöst, der in der Kirche zu einer regelrechten Anhäufung unterschiedlicher Anbetungskulturen und Heiligenverehrung führte. Im Kampf um die Plätze in der Kirche fiel den Armeniern, Katholiken und Griechisch-Orthodoxen schließlich das Hauptschiff, den Kopten, Äthiopiern und syrischen Jakobiten nur die Seitenschiffe und Empore zu. Allen sechs Kirchen gemeinsam gehört nun das Heilige Grab. Um weitere Streitigkeiten zu beenden, übergab Sultan Saladin im 12. Jh. die Schlüsselgewalt über die heilige Stätte an eine moslemische Familie in Jerusalem. Die Nachkommen dieser Familie haben noch bis zum heutigen Tage die Aufgabe, jeden Morgen die Portale der Kirche zu öffnen und am Abend wieder zu verschließen; des Nachts bleibt von jeder Konfession ein männliches Mitglied in der Kirche.

Die Grabkammer im Zentrum der Kirche, die letzte der vierzehn Stationen der Via Dolorosa, wird nur von Kerzen erhellt. Vor ihr bilden sich meist lange Schlangen, weil sich maximal nur fünf Personen gleichzeitig in der engen Kammer aufhalten können. Die Grabplatte zu berühren, zu küssen, vor ihr zu knien, sie zu fotografieren und ein Almosen zu geben, braucht eben Zeit. Ein Rundgang durch die Grabeskirche gleicht einer Wanderung durch ein Labyrinth überladener Religiösität. Um den Überblick nicht zu verlieren, sollte man sich einem Führer anschließen oder die Kirche am späten Nachmittag besuchen, wenn sich hier überwiegend Betende aufhalten. Täglich um 13 Uhr wird eine griechisch-orthodoxe, um 14.30 Uhr eine armenische, um 16 Uhr eine römisch-katholische Messe in der jeweils eigenen Kapelle abgehalten. Nach der Messe ziehen die Franziskaner in einer Prozession durch die Kirche. *Tgl. 5–19 Uhr (Juni–Aug. 4–20 Uhr); Herr Nusseibeh, der für das Auf- und Abschließen der Kirche zuständig ist, findet sich eine halbe Stunde vorher ein*

Jüdisches Viertel

★ ⊙ Die Römer hatten nach der Niederwerfung des Bar-Kochba-Aufstandes im Jahre 131 Juden generell verboten, sich in Jerusalem aufzuhalten. Dieses Verbot, das anfangs drakonisch durchgesetzt wurde, hatte zur Folge, daß mehr als 1000 Jahre lang keine Juden in Jerusalem wohnten. Erst seit 1267 leben wieder jüdische Familien nachweislich im Jüdischen Viertel innerhalb der ummauerten Stadt. Im 19. Jh. wohnten ca. 10 000 Juden im Viertel; 1948, am Ende der britischen Mandatszeit, nur noch weniger als die Hälfte. Die Mehrzahl von ihnen floh nach Ausbruch des Krieges im Mai 1948, der Rest wurde von den Jordaniern nach Westjerusalem vertrieben. Zwanzig Jahre später, nach der Eroberung der Altstadt durch die israelische Armee im

Juni 1967 mußten die inzwischen hier lebenden Araber fliehen bzw. wurden von den Israelis vertrieben. Da durch die Kriege die meisten Häuser und während der jordanischen Besitznahme viele religiöse Einrichtungen und alle Synagogen im Viertel verfallen bzw. zerstört waren, beschloß die Stadtverwaltung 1967 das gesamte Viertel nach alten Vorlagen neu zu gestalten. Um historisch bedeutende Ausgrabungen dabei nicht wieder verschütten zu müssen, bediente man sich moderner Stahl- und Betonkonstruktionen, so daß allerorts ein städtebaulich sehr gelungenes Nebeneinander von Historischem und Modernem zu finden ist. Heute wohnen im Jüdischen Viertel wieder mehrere hundert Yeshiva-Studenten und ca. 700 jüdische Familien, die Mehrzahl von ihnen in teuren Eigentumswohnungen, die nach bestimmten Kriterien vergeben werden (der Käufer muß eine Familie haben, die Wohnung permanent bewohnen und unter israelische Wehrpflicht fallen), die es Ausländern und israelischen Palästinensern nicht ermöglichen, ins Jüdische Viertel zu ziehen. Trotz der strengen Shabbatruhe unterscheidet sich das Viertel aber wesentlich von Mea Shearim. Hier gibt es gemütliche Teehäuser und Cafés, Läden, Geschäfte, Basare und vor allem an jeder Ecke etwas architektonisch Interessantes zu entdecken. Außerdem hat kein Viertel der Altstadt so viele Museen wie das Jüdische Viertel.

Im Zentrum des Jüdischen Viertels steht die Hurva-Synagoge, d. h. nur noch ein 13 m hoher mächtiger Bogen. Vier dieser Bögen stützten die 26 m hohe Kuppel der bedeutendsten Synagoge des Jüdischen Viertels, bevor sie die Jordanier 1948 in die Luft sprengten. Der Hurva-Bogen wurde 1974 rekonstruiert und ist heute das Wahrzeichen des Viertels. Alte Fotografien an den Wänden vermitteln einen Eindruck des 1864 erbauten Gotteshauses. An der gleichen Stelle hatte Rabbi Yehuda um 1700 bereits eine Synagoge errichtet, die allerdings von den moslemischen Bürgern der Stadt wenige Jahre später zertrümmert worden war. Die Hauptstraße im oströmisch-byzantinischen Jerusalem war der Cardo Maximo, eine 12 m breite Straße vom Damaskustor nach Süden quer durch Jerusalem, die Kaiser Justinian um 530 anlegen ließ. Auch zu Zeiten der Kreuzfahrer war der Cardo noch die große Durchgangsstraße. Vom Cardo wurden seit 1970 ca. 200 m für eine Einkaufsstraße freigelegt, die 6 m unter dem Straßenniveau des Jüdischen Viertels liegt. Dieser Höhenun-

Die Hurva-Synagoge im Zentrum des Jüdischen Viertels

terschied erklärt sich aus beharrlichem Wiederaufbau auf dem Schutt vorangegangener Zerstörungen, so daß das Höhenniveau des Viertels im Laufe des Jahrhunderts ständig anstieg. (E 5)

Klagemauer
(Western Wall,
Kotel Ha Maaravi, El Buraq)
★ ◎ Nirgendwo in der Welt verschmelzen jüdische Geschichte, Kultur und Religion zu einer solch tiefen Gläubigkeit wie an der Klagemauer in Jerusalem. Sie ist die heiligste Stätte der Juden, Symbol ihrer uralten Sehnsucht nach einem eigenen Staat, in dem ihr Glaube im Mittelpunkt steht, Ort intensiver Gebetsszenen besonders am Shabbat.

Die Klagemauer ist Teil des Zweiten Tempels, der nach der Babylonischen Gefangenschaft errichtet und von Herodes erneuert wurde. Sie diente als westliche Umfassungsmauer des Tempelbezirks, auf dessen Grundfesten bereits der von König Salomon errichtete Erste Tempel stand. Die Römer unter Kaiser Titus zerstörten die gesamte Tempelanlage im Jahre 70. Was blieb war dieses Mauerstück aus riesigen Kalksteinquadern, von denen einzelne über 50 Tonnen wiegen.

Der Name der Mauer entstand nach ihrer Zerstörung. Der große Platz vor der Mauer wurde erst 1967 angelegt, nachdem die Israelis einige baufällige Häuser niedergerissen hatten, die zuvor bis 3 m an die Mauer heranreichten und vor ihr eine enge Gasse bildeten. Auf Drängen des Rabbinats wurde der Vorplatz dann durch eine Wand in zwei Teile geteilt, damit Männer und Frauen – wie in den Synagogen – nicht gemeinsam beten.

Auf dem Platz vor der Klagemauer werden heute die jungen Rekruten vereidigt; ihnen werden dabei ein Gewehr und die Thora (in dieser Reihenfolge!) überreicht. Man kann hier auch öfter Bar-Mitzwa-Feiern beobachten; am Tage ihres 13. Geburtstages lesen die Jungen im Kreise von Freunden und Familie als Zeichen ihrer gewonnenen Selbständigkeit zum ersten Mal öffentlich in der Thora. Besonders am Freitagabend herrscht dichtes Gedränge, wenn Bewohner von Mea Shearin und Thora-Schüler aus dem Jüdischen Viertel in großen Gruppen den Shabbat begrüßen. An anderen Tagen trifft man auf der »Männerseite« der Mauer eher einzeln Betende, darunter auch Soldaten in Uniform und Männer in Arbeitskleidung. Überwiegend bestimmen aber schwarze Mäntel oder dunkle Anzüge das Bild, manche Männer tragen zudem den schwarz-weiß-gestreiften *Tallit* (Gebetsschal) und gemäß der Aufforderung im 5. Buch Mose auf ihrem linken Arm und der Stirn den *Teffilin* (dünner lederner Gebietsriemen mit einer viereckigen kleinen Lederkapsel, in der Thoratexte aufbewahrt sind).

Die Länge der Westmauer beträgt bis zum südlichen Ende an der Antonia-Festung ca. 400 m. Für die Betenden zugänglich sind davon am großen Vorplatz ca. 100 m. Wer keinen Platz in der ersten Reihe direkt an der Mauer findet, steht in Reihen weiter hinten.

Juden und Moslems bewegen sich während des Gebets im (Gegensatz z.B. zu den nahezu regungslos stehenden oder knienden Christen). Viele gläubige Juden geraten erst durch heftige Bewegungen in die gewünschte Andachtsstimmung; Bewegung erfüllt zudem den Psalmvers: »Alle meine Gebeine sprechen zu Dir: Ewiger, wer bist Du?«

Zwischen die Ritze der Kalksteinquader stecken Gläubige kleine Briefchen mit Botschaften, für den Herrn (Kvittelchen).

Verbotstafeln des Oberrabbinats weisen am Aufgang neben der »Frauenseite« darauf hin, daß Juden den oberhalb der Klagemauer liegenden Tempelbezirk nicht betreten dürfen; sie könnten – ohne es zu wissen – ihren Fuß auf jene Stelle setzen, die – zu Zeiten des Tempels für alle sichtbar und abgesperrt – nur den Hohenpriestern vorbehalten war.

Weil Mauer und Vorplatz einer Synagoge gleichgesetzt werden, sind an der Klagemauer bei Männern eine Kopfbedekkung und bei den Frauen umhüllte Schultern vorgeschrieben. (E5) *Zugang zur Klagemauer rund um die Uhr möglich; Eintritt frei, Arabisches Viertel, Altstadt*

Knesset

»Versammlung« (hebr. Knesset) ist der Name des israelischen Parlaments und zugleich der des Parlamentsgebäudes. Es wurde 1960 von den israelischen Architekten Josef Klarwein und Dov Karmi auf dem Regierungshügel Kiryat Ben Gurion im Westteil der Stadt erbaut. Im Foyer befindet sich ein überlebensgroßes Bild von Theodor Herzl, dem Theoretiker des Zionismus. In den letzten Jahren wurde die Knesset auch im Ausland durch die heftig geführten Auseinandersetzungen zwischen der Arbeiterpartei, dem rechtsstehenden Bürgerblock Likud und den kleinen politreligiös fundamentalistischen Parteien bekannt. Tumulte, Auszüge von Abgeordnetengruppen, Unterbrechungen nach Beschimpfungen sind an der Tagesordnung. Das Gebäude der Knesset ist ein flacher, moderner Zweckbau, dessen schlichte Ästhetik Sicherheitsvorkehrungen zum Opfer fiel; ein Ergebnis dieser Vorsicht: Die Knesset hat keine Fenster.

Dem Parlamentsgebäude gegenüber steht als Geschenk des Britischen Parlaments, eine 5 m hohe und 4 m breite Menora aus Bronze. Sie ist ein Werk des in Dortmund geborenen Künstlers Benno Elkan, der die Menora mit 29 Reliefs, Ereignisse der jüdischen Geschichte darstellend, ausschmückte.

An Sitzungstagen ist die Besuchergalerie geöffnet. Kostenlose Eintrittskarten nur gegen Vorlage des Reisepasses; sehr strenge Kontrollen. (A5) *Mo, Di 16–21, Mi 11–13 Uhr, Führungen So und Do 8.30–14.30 Uhr, Ruppin Road, Tel. 554111, Busse 9, 24*

Kloster des Kreuzes

(Monastery of the Cross)
Im auffallenden Kontrast zur modernen Architektur der Umgebung befindet sich seit dem 11. Jh. im Westen Jerusalems hinter dicken Mauern ein von georgischen Mönchen erbautes Kloster, das heute dem Griechischen Patriarchen untersteht. Die Geschichte, auf die der Name des Klosters zurückgeht, ist auf Bildern in der Klosterkapelle festgehalten: Ein an dieser Stelle von

Abraham gepflanzter Baum wurde von Salomon für den Bau des Tempels gefällt. Doch der Stamm blieb im Tempelvorhof liegen, bis man aus ihm das Kreuz fertigte, an das Jesus geschlagen wurde. Dort wo der Baum Abrahams einst wuchs, steht heute ein Altar; unter ihm markiert ein Stern aus Silber die genaue Stelle. (A 5) *Sa–Do 9–16 Fr 9–13 Uhr; Eintritt 4 NIS, Chaim Hasass Boulevard (Nähe Israel Museum), Bus 19*

Mea Shearim

★ Das Stadtviertel (»Hundert Tore«), unweit des Damaskustors, wurde 1875 von orthodoxen Juden gegründet und nach Plänen des deutschen Architekten Conrad Schick erbaut; es war nach Yemin Moshe das zweite jüdische Viertel außerhalb der Altstadt. Auch heute leben hier nur besonders gottesfürchtige und gesetzestreue Juden. Das alltägliche Leben in Mea Shearim verläuft ähnlich dem in den osteuropäischen Ghettos des 18. Jhs. Ehrfürchtige Frömmigkeit, schwarz gekleidete Männer und Frauen in langärmeligen Kleidern und Wollstrümpfen, viele Kinder, kein Radio, kein Fernseher, keine Zeitungen (Mitteilungen werden bevorzugt über Wandzeitungen verbreitet) und ein besonders strenges Befolgen des Shabbat gehören ebenso dazu wie viele Talmudschulen und viele Synagogen. In diesem Viertel gibt es ausgezeichnete Bäckereien, die aufgrund der regen Shabbatvorbereitungen donnerstags bis spät in die Nacht geöffnet haben. Am Shabbat ist das Viertel für den Autoverkehr gesperrt.

Die Bewohner von Mea Shearim erkennen den Staat Israel nicht an, ja, sie betrachten ihn als Gotteslästerung, weil es nur dem Messias gebühre, einen jüdischen Staat mit der Thora als Verfassung zu schaffen. Das hindert sie allerdings nicht, den Schutz dieses »Unrechts«-Staates und seine Sozialleistungen in Anspruch zu nehmen und sich bitter zu beklagen, wenn die Stadtverwaltung ihre fundamentalistischen Vorstellungen von einem gottesfürchtigen Leben nicht in ganz Jerusalem durchsetzt. (C 3)

Mea Shearim, das Viertel der orthodoxen Juden Jerusalems

Modell des römischen Jerusalems

★ Jerusalem in all seiner Schönheit während der römischen Besatzungszeit und vor seiner Zerstörung durch Kaiser Titus im Jahre 70 – wer davon eine Vorstellung gewinnen möchte, der muß weit vor die Stadt fahren. Ein topographisch exaktes Modell im Maßstab 1:50 auf einer Fläche von 10 m x 10 m hat der israelische Archäologieprofessor Avi Yonah nach römischen und jüdischen Aufzeichnungen in mühevoller Arbeit zwischen 1966 und 1968 im Garten eines

Hotels aus Holz und Stein aufgebaut. Die zerstörten oder abgetragenen Bauwerke, deren Ruinen man in der heutigen Altstadt besichtigen kann, stehen hier in ihrer ursprünglichen Pracht. Besonders beeindruckend ist die Rekonstruktion des Zweiten Tempels, dem Herodes auf dem von ihm eingeebneten Berg Morial zu neuem Glanz verhalf. Im südlichen Vorhof des Tempels steht auch das als »Basilika« bezeichnete Gebäude, aus dem Jesus die Händler vertrieb. Die Ausmaße des ummauerten Tempelhofes, in dem sich an den drei großen Pilgerfesten (Passah, Shavout und Sukkoth) bis zu 200 000 Juden versammelten, unterstreichen die architektonisch herausragende, alles dominierende Rolle des Tempels im antiken Jerusalem. Das Modell wird aufgrund neuer Ausgrabungen ständig ergänzt. Wegen ihrer Plastizität ist die Rekonstruktion außerordentich beeindruckend (außerhalb A 6) *Tgl. 8–17 Uhr (Okt.–April nur bis 16 Uhr), 5 US-$, Hotel Holyland, Bayit Gan, Tel. 43 77 77, Busse 1, 6, 21*

Moslemisches Viertel

Das ein Drittel der gesamten Altstadt einnehmende Moslemische (oder Arabische) Viertel liegt im Nordosten; am schnellsten zu erreichen ist es durch das Damaskus-, das Löwen- oder das Herodestor. Die Familienchroniken der Mehrheit der hier lebenden Araber gehen bis zur Vertreibung der Kreuzfahrer aus der Stadt im 12. Jh. zurück. Zentrum des Viertels ist der Tempelberg mit den beiden Moscheen. In den engen Gassen des Viertels herrscht heute nur noch am Vormittag reges Treiben. Obwohl einige Häuser zerfallen, beeindrucken an vielen anderen die schönen Fassaden aus der Zeit der Mamelukken, besonders an den Moscheen, den ehemaligen Herbergen (Khans), an den vielen Koranschulen (Madrassas) aber auch an einfachen Wohnhäusern. Die breiteste Straße des Viertels, die El Wad Road, verläuft quer durch das ganze Viertel vom Damaskustor zum Tempelbezirk und zur Klagemauer. Die kunsthistorisch interessanteste Straße, die Bab el Silsileh Road (»Kettenstraße«), verbindet aus Richtung Jaffator als Verlängerung der David Street den Basar mit dem Tempelberg; an ihr stehen noch besonders viele Häuser aus dem 13. bis 16. Jh. (z.B. die Häuser Nr. 106, 109, 111, 116, 121, 149). Im Haus 166, einem 1329 erbauten Gebäude mit einer herrlichen Fassade, lebte zwischen 1918 und 1948 der Jerusalemer Großmufti Amir el Husseini, der mit Hilfe Adolf Hitlers die zionistische Besiedlung Palästinas beenden wollte. In den anderen vielen winkligen Seitenstraßen kann man sich sehr leicht verlaufen. Aber es lohnt sich, abseits der beiden großen Verbindungen auf eigene Faust im Viertel Eindrücke zu sammeln, in eines der kleinen Restaurants einzukehren, einen Kaffee mit Kardamom zu trinken und sich mit den Menschen zu unterhalten; man sollte aber sehr schnell zu erkennen geben, daß man kein Israeli ist. (E 4)

Ölberg

(Mount of Olives, Et Tur)

★ ☀ Die Christen in aller Welt verbinden mit dem Ölberg den

Beginn der Leidensgeschichte Jesu und verehren ihn ehrfurchtsvoll als zentralen Ort biblischen Geschehens. Östlich gegenüber der Altstadt, getrennt durch das Kidrontal, steigt die fälschlicherweise als Berg bezeichnete Anhöhe sanft an; oben auf ihrer höchsten Stelle steht heute das bekannte Seven Arches Hotel.

Die Hänge des Ölberges sind mit knorrigen Olivenbäumen bewachsen; sie gaben dem »Berg« den Namen. Besonders alte Exemplare dieser Bäume findet man im Garten Gethsemane, am Fuße des Ölberges. Bis heute verleihen diese Bäume der Anhöhe den Zauber einer Parklandschaft.

Weil der Messias über diesen Ölberg nach Jerusalem zurückkehren und hier das jüngste Gericht halten wird, haben viele fromme Juden den Wunsch, an seinem Westhang begraben zu werden. Deshalb liegt hier ein großer Friedhof, auf dem die Grabsteine in allen Sprachen der Welt sprechen. Ein Teil dieses Friedhofes fiel unter jordanischer Herrschaft dem Bau einer Straße zum Opfer, viele der schönen Grabsteine wurden für andere Zwecke verwendet – eine der vielen schmerzhaften Hypotheken im unversöhnlichen Verhältnis zwischen Juden und Moslems in Jerusalem.

Für die Christen ist der Ölberg der Ort, an dem Jesus sich aufhielt, bevor er zum Passah-Fest auf den gegenüberliegenden Tempelberg pilgerte und von dem er später gen Himmel fuhr. Im Gedenken dieser Ereignisse wurden seit alters her Kirchen an seinen Hängen errichtet.

In der *Assumptio-Kirche* aus der Kreuzfahrerzeit verehren Christen und Moslems das Mariengrab; über 47 Stufen erreicht man die Krypta und die Felsbank, auf der Marias Leichnam vor ihrer Beerdigung lag. *(Mo bis Sa 6–12 und 14–17 Uhr)*

Der eindrucksvollste Bau auf dem Ölberg ist die auf halber Höhe liegende russisch-orthodoxe *Maria-Magdalena-Kirche.* Die sieben vergoldeten Zwiebeltürme des von Zar Alexander 1885 errichteten Gotteshauses heben sich vom Grün des Ölbergs deutlich ab. Um sowohl seine politische Präsenz im Heiligen Land als auch russischen Pilgern eine heimatliche Kirche zu bieten, baute der Zar sehr aufwendig und schmückte die Kapelle mit alten Ikonen. *(Mo–Do 9–11 und 14–16 Uhr)*

An die Tränen Jesu erinnert die *Dominius-Flevit-Kirche.* Die Kirche steht auf dem Fundament einer früheren Grabstätte; davon zeugen die Reste eines byzantinischen Mosaiks und Sokkelfragmente aus derselben Epoche. Verschiedene Reliefs zeigen den traurigen und weinenden Jesus im Wissen um die Zerstörung Jerusalems. Ein Fenster der Kirche, das den Blick zum Tempelberg freigibt, ist mit steinernen Dornenkronen und Tränen umrahmt. Von der Kirche aus hat man eine herrliche Sicht auf den Felsendom und über die Altstadt. *(Tgl. außer So 8–11.45 und 15–17 Uhr)*

An der Stelle, an der Jesus vom Ölberg in den Himmel aufgefahren ist, steht die *Himmelfahrtskirche.* Zum ersten Mal wurde 376 von der frommen Römerin Pomenia an dieser Stelle gebaut.

Auf ihre Fundamente setzten die Kreuzfahrer im 11. Jh. einen achteckigen neuen Kirchenbau, den die moslemischen Mamelukken 1198 in eine Moschee umwandelten; später wurde er verschlossen. Dank der Verbindungen des deutschen Kaisers zum türkischen Sultan wurde das Haus 1910 umgebaut und wieder geöffnet. Nach der Gründung des Staates Israel blieb die Kirche wieder verschlossen, bis sie nach umfangreichen Renovierungsarbeiten 1990 mit finanzieller Hilfe deutscher Kirchen wieder ihre Töre öffnen konnte.

Um das Recht, Kirche der Himmelfahrt zu sein, streitet sich noch eine andere Kirche am Ölberg, die des benachbarten russisch-orthodoxen Klosters; in beiden befinden sich auf einem Felsen Fußabdrücke Jesu. *(Mo bis Sa 10–12 Uhr)*

Vom Ort der *Pater-Noster-Kirche* lehrte Jesus seine Jünger das Vaterunser. Helena (Elona), die Mutter Kaiser Konstantins, ließ hier schon im 4. Jh. eine Kirche errichten, auf deren Fundamenten heute ein Karmeliterinnenkloster steht. Östlich des Klosters baute 1868–1870 die französische Prinzessin Tour d'Avergne, über einer von ihr entdeckten Höhle, eine neue, nichtüberdachte Freiluftkirche, die seitdem Pater-Noster-Kirche heißt. Ein lebensgroßes Standbild der Prinzessin erinnert im Vorderraum an die Stifterin. Das Vaterunser-Gebet (Lukas 11,2) ist auf 80 Keramiktafeln in 80 verschiedenen Sprachen sowohl in der katholischen Pater-Noster-Kirche als auch im anliegenden Karmeliterinnenkloster an den Wänden nachzulesen. Links am Eingang der Kirche hängen die Tafeln mit den Urtexten in Aramäisch und Hebräisch. *(Mo–Sa 9–12 und 15–16 Uhr)*

Den Ölberg besteigt man am besten zu Fuß. Für die Strecke vom Garten Gethsemane zum Seven Arches Hotel benötigt man 45 Min. Schon auf dem Weg und erst recht von der Höhe des Ölberges wird man mit einer sehr schönen Aussicht auf die Altstadt belohnt. (F 5)

Ophel

★ Der an der südlichen Seite des Tempelbergs gelegene Hügel trug in der Zeit des Ersten Tempels bis zur Vertreibung der Juden in die Babylonische Gefangenschaft den Namen des hier liegenden Verwaltungsdistrikts Ophel; heute wird diese große Ausgrabungsstätte zwischen Tempelberg und Stadtmauer (und teilweise darüber hinaus) deshalb »Archäologischer Garten Ophel« genannt. Ruinen aus den verschiedenen Epochen Jerusalemer Geschichte, aus den Tagen Salomons bis zu denen Suleimans, wurden freigelegt. Besonders interessant sind die Überreste aus der Zeit des Herodes, zum Beispiel die enormen Steinquader für den Tempelbau, die von jüdischen (freiwilligen?) Arbeitskräften bewegt wurden, denn Sklaven kannte das Judentum nicht. Herausragend ist der sogenannte Robinson-Bogen, über den die Gläubigen den Süden des Tempelberges von der unten liegenden Straße erreichten; es ist ein brückenartiger, breiter Straßenübergang aus der Zeit des Zweiten Tempels. Der 19 m hohe und 15 m breite Bogen wird nach dem amerikanischen Archäologen Edward Robinson benannt, der ihn »entdeckte«, denn bis zu seiner Freilegung war er vollkommen vom Erdboden verdeckt. Am Ophel sieht man auch gut die seit vielen Jahrhunderten zugemauerten Tore (das »Doppelte Tor« und das »Dreifache Tor«), durch die der Tempelbezirk betreten werden konnte. Die übertunnelten Treppen, die sich an diese Tore anschließen, und über die man dann den Tempelberg erreichte, sind nicht zugänglich. Ausgrabungen an dieser Stelle stoßen immer wieder auf den massiven Widerstand der Moslems, weil sie ihren »Haram es Sharifh« untergraben. Der Rundgang im Ophel wird durch Beschreibungstafeln und eine Broschüre, die man am Eingang erhält, erleichtert. (E 5) *So–Do 9–16, Fr 9–14 Uhr, Eintritt 8 NIS, Misttor, Altstadt*

Tempelberg

(Haram es Sharif, Hakotel Hamaaravi, Berg Moriah)

Der Tempelberg ist eine 480 m × 280 m große, künstliche Erdaufschüttung um den in der Bibel erwähnten Berg Moriah, die König Herodes vornehmen ließ, um den Tempel monumental zu erweitern. Die Stützmauern an den vier Seiten waren bis zu 50 m hoch, und bis zu 5 m breit. Die größte, noch existierende ist die westliche Begrenzung, die Klagemauer. An ihrer Südwestecke sieht man besonders gut die mächtigen Quader dieser herodianischen Stützmauern. Auf der eingeebneten tafelartigen Fläche stand im westlichen Teil oberhalb der Klagemauer bis zum Jahre 70 der Zweite Tempel. Nach seiner vollständigen Zerstörung durch den römischen Kaiser Titus wurde kein jüdisches Bauwerk mehr auf dem Tempelberg errichtet.

Mit der moslemischen Eroberung Jerusalems im 7. Jh. geriet auch der Tempelberg in den Besitz der Kalifen. Sie erklärten das Plateau zum »Haram es Sharif«, zum Heiligen Bezirk und errichteten zwei großartige Moscheen, die Al-Aqsa-Moschee und den Felsendom, auf dieser Fläche. An der islamischen Tradition des Tempelbergs hat sich seit 1300 Jahren nicht viel geändert, wenngleich er im 12. Jh. im Besitz der Kreuzritter war. An die christlichen Ritter aus Europa erinnert auf dem Tempelberg nur noch ein rechteckiger Bau aus dem Jahre 1213, in dem seit 1923 das Islamische Museum untergebracht ist.

Durch ein israelisches Gesetz vom 27. 6. 1967 wurde zum Schutz der heiligen Stätten der drei großen Religionen in Jerusalem festgelegt, daß die Glaubensgemeinschaften ihre Heiligtümer selbst verwalten und Entweihungen unter Strafe stehen. So untersteht der Tempelberg mit dem Felsendom und der Al-Aqsa-Moschee bis heute der moslemischen Awkaf-Verwaltung. Juden ist das Betreten des Tempelbergs von ihrem Rabbinat nicht gestattet. Sie könnten versehentlich auf jene Stelle treten, die in biblischen Zeiten nur der Hohepriester betreten durfte. Doch klerikal militante Israelis und die fundamentalistische Gruppe der »Getreuen des Tempelbergs« nehmen darauf keine Rücksicht. Um jüdische Ansprüche auf das Plateau anzumelden, halten sie auf dem Platz zwischen den beiden Moscheen provokativ Gebetsfeiern ab und versuchen immer wieder den Grundstein für einen Dritten Tempel zu legen. Im Oktober 1990 kam es deshalb auf dem Tempelberg zu Auseinandersetzungen, bei denen die israelische Polizei 22 Palästinenser erschoß. Weltweit stieß die unverhältnismäßige Reaktion auf Empörung. Die UNO forderte eine Untersuchung des Massakers durch eine internationale Kommission. Doch Israel verweigert der UNO-Kommission die Einreise.

Der Tempelberg, dessen Fläche etwa ein Sechstel der Altstadt umfaßt, kann heute nur durch das Kettentor im Nordwesten oder das Maghreb-Tor im Südwesten betreten werden. Letzteres ist der empfehlenswertere Zugang, weil der leicht ansteigende Rampenweg an der rechten Seite der Klagemauer (rechts erblickt man die Ausgrabungen am Ophel) leichter zu finden ist. (E 4–5) *So–Do 8–16 Uhr, Tel. 27 23 58 (Awkaf-Verwaltung), Tempelberg, Altstadt*

Via Dolorosa

★ Die Via Dolorosa führt vom Stephanstor durch das Arabische und Christliche Viertel bis zur Grabeskirche. In dieser Abfolge von engen Gassen der Jerusalemer Altstadt ereignet sich seit Hunderten von Jahren jedes Jahr an Karfreitag ein unglaubliches Schauspiel tiefer Religiösität. Tausende von Gläubigen folgen unter Gesängen und Gebeten dem symbolischen Weg mit sei-

Die Erste Station auf dem Leidensweg Christi, Via Dolorosa

nen 14 Stationen, den Jesus Christus von seiner Verurteilung bis zum Kreuzigungsort Golgatha gehen mußte. Franziskanermönche führen diese Prozession an. Unter geringerer Beteiligung legt jeden Freitagnachmittag eine kleine Prozession den beschriebenen Weg zurück und jeden Tag kann man kleine Pilgergruppen antreffen, die die Via Dolorosa entlang der 14 Stationen – manchmal sogar ein Holzkreuz tragend – durch die Altstadt zur Grabeskirche schreiten.

Für Christen ist die Via Dolorosa die heiligste Straße auf Erden. Doch der Leidensweg Jesu vom Gerichtshof zum Felsen Golgatha ist weder historisch noch archäologisch abgesichert. Erst im 13. Jh. haben sich die christlichen Konfessionen nach langen, zähen Verhandlungen verständigt, die heutige Streckenführung mit 14 Stationen als die »authentische« festzulegen, obwohl nur acht von ihnen in der Bibel erwähnt werden. Seit dem 14. Jh. liegt die »Custodia Terrae Sanctae«, die Wacht über das Heilige Land, fest in den Händen der katholischen Franziskaner, und ihre Mönche in braunen Kutten sind deshalb auch für die Prozessionen verantwortlich.

Bei den Prozessionen bleiben die Gläubigen vor jeder der mit römischen Ziffern gekennzeichneten Stationen stehen, der Franziskaner liest, sich der Hilfe eines Megaphons bedienend, die jeweilige Stelle aus den Evangelien vor, und bevor die Gruppe zur nächsten Station weiterzieht, stimmt sie ein Kirchenlied an, das meist mit einem lauten Halleluja endet. Jede Station trägt den Namen des entsprechenden Ereignisses auf dem Leidensweg Jesu.

1. Station: Jesus wird zum Tode verurteilt. Auf dem Platz der heutigen El-Omarija-Schule im nordöstlichen Teil der Altstadt stand früher die Burg Antonia. Herodes baute sie 36 v. Chr. und benannte sie nach seinem Freund Marc Anton. Der römische Prokurator Pontius Pilatus verurteilte in dieser Festung Christus zum Tode. Titus riß 70 die Festung nieder. Heute überragt ein Minarett den erhöhten Platz.

2. Station: Jesus nimmt das Kreuz. Gegenüber der El-Omarija-Schule befindet sich heute das Franziskanerkloster mit der Kapelle der Verurteilung und der Kapelle der Geißelung. Zur zweiten Station gehören auch das Kloster der Schwestern von Zion und der Ecce-Homo-Bogen. Vor diesem Bogen soll Pilatus das »Ecce Homo!« (Seht, welch' ein Mensch!) gerufen haben. Doch ist sicher, daß dieser Bogen im Jahre 135, sehr viel später, von Kaiser Hadrian nach seinem Sieg über die aufständischen Juden unter der Führung Bar Kochbas als Teil eines Triumphbogens errichtet wurde. Im Franziskanerkloster ist der Lithostratos, der gepflasterte Platz der Festung Antonia, freigelegt worden. Nach der Überlieferung spielten die römischen Soldaten, die Jesus verspotteten; auf dem Fußboden im Kloster findet man eine eingravierte Spielfläche. Unter dem Lithostratos liegen die römischen Wasserzisternen, neben dem Kloster befindet sich heute das griechisch-orthodoxe Patriarchat, erbaut über dem »Gefängnis Jesu«. Einige Stufen führen zu einer verschlossenen Höhle hinunter, in der Christus gefangengehalten worden sein soll.

3. Station: Jesus fällt zum ersten Mal. Eine kleine polnische Kapelle mit einem Wandrelief von Thaddäus Zielinsky stellt den Zusammenbruch Jesu dar.

4. Station: Jesus begegnet seiner Mutter. 1881 wurde hier eine kleine armenisch-katholische Kirche errichtet, deren Fußboden ein byzantinisches Mosaik schmückt. Maria stand an dieser Stelle, als Jesus vorbeizog.

5. Station: Simon hilft Jesus das Kreuz zu tragen. Eine im 19. Jh. errichtete Franziskanerkapelle markiert den Ort, an dem Simon von Kyrene, ein Jude aus Libyen, der aus Anlaß des Passah-Festes in Jerusalem weilte, gezwungen wurde, für den erschöpften Jesus das Kreuz zu tragen. Eine Vertiefung an der Tür soll die Stelle sein, an der Jesus sich abstützte. Nach dieser Station steigt die Via Dolorosa an.

6. Station: Veronika reicht Jesus das Schweißtuch. Die Legende findet keinen Beleg, ist aber weit verbreitet. Veronika wischt Jesus das Blut, den Staub und den Schmutz vom Gesicht (das »Schweißtuch der Veronika« mit dem Antlitz Jesu befindet sich in Rom). Auf den Resten eines byzantinischen Klosters wurde hier eine Kapelle errichtet, die von einem Orden griechisch-katholischer Schwestern betreut wird.

7. Station: Jesus fällt zum zweiten Mal. Dort, wo die Via Dolorosa die Straße zum Bazar kreuzt, brach Jesus unter der Last des Kreuzes erneut zusammen. Vor 2000 Jahren befand sich hier ein Stadttor, seit 1875 steht an der gleichen Stelle eine Franziskanerkapelle. Viele Häuser in diesem Teil der Altstadt stammen aus der Zeit der Mamelukken.

8. Station: Jesus spricht zu den weinenden Frauen Jerusalems. An der Wand des griechischen Klosters zum Heiligen Charalambos markiert ein Kreuz die Stelle, an der Jesus vorhersagte und die weinenden Frauen tröstete. An der Wand ist die zweizeilige Abkürzung JC XC NIKA (Jesus Christus siegt) eingeritzt.

9. Station: Jesus fällt zum dritten Mal. Eine römische Säule, die zum Eingang der koptischen Kirche gehört, ist die neunte Station. Die koptische Gemeinde und das Koptische Patriarchat residieren hier seit 1219.

(Die Stationen 10 bis 14 liegen in der Grabeskirche)

10. Station: Jesus wird seiner Kleider beraubt. Zwölf Stufen führen zur Entblößungskapelle hinaus.

11. Station: Jesus wird ans Kreuz genagelt. Beide Stationen liegen direkt auf dem Kalvarienberg, der »Schädelstätte« (Golgatha), wie diese Anhöhe wegen ihrer Form genannt wurde. Heute steht hier die »Frankenkapelle« innerhalb der Grabeskirche mit einem Marienmosaik über dem gekreuzigten Jesu.

12. Station: Jesus stirbt am Kreuz. Die griechisch-orthodoxe Kapelle mit ihren wertvollen Metallarbeiten und Lampen steht an der Kreuzigungsstätte. Der Altar wurde direkt auf die Spitze des Kalvarienberges gesetzt; gegen eine Spende darf man ihn mit der Hand berühren.

13. Station: Der Leichnam Jesu wird vom Kreuz genommen. In der Franziskanerkapelle »Stabat Mater Dolorosa« steht die im 17. Jh. geschnitzte Holzstatue der Maria, die über und über mit Votivgaben von Gläubigen behangen ist.

14. Station: Jesus wird ins Grab gelegt. Im Zentrum der Grabeskirche befindet sich das Heilige Grab Christi. In der Grabeskapelle führt ein schmaler Gang zur Marmorplatte, die das Grab bedeckt. Nach dem Betreten zünden hier die Gläubigen meist eine Kerze an. Der Vorraum heißt Engelskapelle und zeigt die Stelle, an der die Engel die Auferstehung Jesu verkündeten. Die Betreuung der 14. Station teilen sich die katholische, die armenische und die griechisch-orthodoxe Kirche. Hinter der Grabeskapelle steht eine kleine koptische Kapelle, unter deren Altar man ebenfalls gegen eine Spende den Golgatha-Berg berühren kann. (D–E4) *Prozession (ungeachtet der Intifada) Fr 15 Uhr (Juni bis Aug. 16 Uhr), Treffpunkt: El Omarija-Schule*

Viertel der Templer

(German Colony)

Deutsche Mitglieder des Templer-Ordens, etwa 50 bis 60 protestantische Pietisten aus Württemberg, wanderten gegen Ende des vorigen Jahrhunderts nach Palästina aus und ließen sich vor den Mauern Jerusalems nieder. Zwischen den heutigen Straßen Emeq Refaim Street und Bethlehem Road legten sie ein deutsches Straßendorf an, lebten vom Ackerbau, gründeten eine deutsche Schule und beerdigten ihre Toten auf einem Friedhof, dessen Grabsteine noch deutsche Inschriften tragen.

Seit 1930, nach der Machtergreifung Hitlers in Deutschland, traten einige der Jerusalemer Templer in die NSDAP ein. Großbritannien, damals Mandatsmacht in Palästina, internierte nach dem Ausbruch des Zweiten Weltkriegs die Deutschen und brachte sie nach Australien; der Besitz fiel nach 1949 an den Staat Israel. Ihre Nachkommen besuchen manchmal den gepflegten Friedhof, zurückkehren als Einwanderer in den Staat Israel dürfen sie nicht, denn das ist nur Juden vorbehalten. (Außerhalb C6) *Busse 4, 5, 6, 8*

Yemin Moshe

Als der englische Finanzpolitiker jüdischer Abstammung, Sir Moses Montefiori 1860 Jerusalem besuchte, dauerte ihn die Wohnsituation im Jüdischen Viertel der Jerusalemer Altstadt. Er stiftete das Geld für den Bau eines Hauses mit »ruhigen Wohnungen« (Mishkenot Shaananim) außerhalb der Mauern und für eine Windmühle, die die notwendige Energie sichern sollte. Das Gebäude mit Blick auf den Zionsberg und die Altstadt wurde während des Unabhängigkeitskrieges verwüstet und lag zwischen 1948 und 1967 völlig brach. Heute ist Yemin Moshe ein sehr schönes Viertel mit Ateliers und Galerien, einem städtischen Gästehaus für ausländische Künstler, überhaupt das teuerste und angesehendste Wohnviertel der Stadt. In der Windmühle ist ein kleines Museum untergebracht. (C5–6) *Museum So–Fr 9–12 Uhr; Eintritt frei, am Ende der King David Street*

Zwei Stunden im Museum

Eigentlich ist Jerusalem selbst ein einziges großes Freiluftmuseum

In keiner Stadt Israels gibt es so viele Museen wie in Jerusalem, obwohl es doch schon außerhalb der Museen so viel zu sehen gibt. Auch versteht es sich fast von selbst, daß in der Mehrzahl der Museen jene Exponate zusammengetragen und ausgestellt werden, die in Zusammenhang mit der Geschichte der Stadt und ihrer Religionen stehen. Eine dritte Gruppe der Museen ist dem Holocaust und dem Leben im neuen Staat Israel gewidmet. Klassische Pinakotheken oder große Kunstmuseen sucht man vergebens.

Das bedeutendste Museum Jerusalems ist das Israel Museum, ganz im Westen der Stadt im grünen Regierungsviertel gelegen. Ein wesentlicher Teil dieses Museums bildet der »Schrein des Buches«, in dem die weltberühmten Schriftrollen von Qumran ausgestellt werden. Nicht nur diese ältesten Bibeltexte, auch die Architektur des Museums – das weiße Dach gleicht dem Tondeckel jener Gefäße, in denen die Schriftrollen 2000 Jahre erhalten geblieben sind – lohnt den Besuch. Da es vor kurzem von Grund auf renoviert und neugestaltet wurde, können auch diejenigen noch einmal wiederkommen, die dem Museum schon einmal vor Jahren einen Besuch abgestattet haben.

Das Israel Museum mit seiner bedeutungsträchtigen Architektur ist das wichtigste Museum des Landes

Mehrere Museen Jerusalems verdanken ihre Existenz großen Stiftungen reicher Juden; einige tragen deshalb auch die Namen ihrer Stifter.

Am Shabbat sind die meisten Museen in jüdischer Trägerschaft geschlossen. Dafür sind die islamischen und christlichen samstags geöffnet. Museumsbesuche in Jerusalem sind nicht billig, die Preise schwanken zwischen 5 und 15 Schekel; nur ganz wenige verlangen keinen Eintritt.

Armenisches Museum

(Armenian Museum, Edward and Helen Mardigan Museum) ★ Mitten im Armenischen Viertel wurde in einem 1843 erbauten Haus das Museum für armenische Religion, Kultur und Geschichte eröffnet. In drei Sektionen wird die leidvolle Historie der Armenier mit besonderem Akzent auf die Jerusalemer Gemeinde dokumentiert; außerdem beherbergt es viele archäologische Funde, von denen besonders die Fresken mit Vogelmotiven aus der herodianischen Epoche hervorzuheben sind, liturgische Gegenstände, kostbare Gewänder, Ikonen und frühe Fotografien von 1860. (D 5) *Mo–Fr 10–15 Uhr; Eintritt 4 NIS, Armenisches Viertel in der Altstadt, Tel. 28 23 31*

Beit Anna Ticho

In einem schönen arabischen Haus aus der Mitte des 19. Jhs., das zuerst (seit 1880) einem Maler gehörte, der Texte und Manuskripte fälschte und später (seit 1924) einer Malerin, die Jerusalemer Menschen portraitierte, befindet sich heute eine Art Kul-

MARCO POLO TIPS FÜR MUSEEN

1 Schrein des Buches
Die Schriftenrollen vom Toten Meer sind der bedeutendste archäologische Fund Israels (Seite 46–48)

2 Rockefeller Museum
Das wichtigste archäologische Museum Israels (Seite 50)

3 Museum der Geschichte Jerusalems
An historischem Ort 3000 Jahre dokumentierte Geschichte, ideal als Einstieg (Seite 48)

4 Yad Vashem
Nationale Gedenkstätte und Mahnmal, aber auch Museum, damit die Ermordung von sechs Millionen Juden niemals in Vergessenheit gerät (Seite 51)

5 Bibelmuseum
Archäologisches aus biblischen Orten, ausgegraben von Franziskanern (Seite 45)

6 Museum für Islamische Kunst
Die größte islamische Kalligraphien-Sammlung in Israel (Seite 49)

7 Old Yishuv Court Museum
Hier wird das Leben der Juden im Palästina des 19. Jhs. anschaulich dargestellt (Seite 49)

8 Islamisches Museum
Religionsbezogene Kunst im Umfeld der beiden großen Moscheen auf dem Tempelberg (Seite 45, 46)

9 Armenisches Museum
Kultur und leidvolle Geschichte eines Volkes, mit Blick auf die Jerusalemer Gemeinde (Seite 43, 44)

10 Hekhal Shlomo
Wer sich für jüdische Kultgegenstände aus aller Welt interessiert, wird hier fündig (Seite 45)

turzentrum mit Café, Bibliothek und Ausstellungsräumen. Die Malerin, die in 70 Porträts das Leben in Jerusalem über mehrere Jahrzehnte festhielt, hieß Anna Ticho und starb 1980 in diesem Haus im hohen Alter von 86 Jahren. Ihre einfühlsamen Bilder werden in zwei Galerien ihres Wohnhauses ausgestellt. Ihr Mann brachte in das Museum seine große Sammlung alter Hanukka-Leuchter ein. (C 4) *So, Mo, Mi, Do 10–17, Di 10–22, Fr 10–14 Uhr, Eintritt frei; Harav-Kook Street, Tel. 24 50 68, Busse 5, 6, 18*

Bibelmuseum der Franziskaner
(Franciscan Biblical Museum)
★ Die Funde franziskanischer Archäologen werden hier seit 1902 aufbewahrt und ausgestellt. Ihr Interesse galt den frühen, christlichen Stätten in Jerusalem, Nazareth, Kapernaum und Bethlehem, aber auch Gegenständen der Kreuzfahrer wie Glocken und Orgelpfeifen. Darüber hinaus findet man hier eine Sammlung alter Münzen, ein Modell der Grabeskirche aus dem 17. Jh. aus Olivenholz mit Perlmutt-Einlegearbeiten, sowie Krüge aus Italien, die im 18. Jh. für die franziskanische Apotheke in Jerusalem extra gefertigt wurden. (E 4) *Mo–Fr 9–11.30 Uhr; Eintritt frei, Geißelungskapelle (Church of the Flagellation) an Station II der Via Dolorosa, Arabisches Viertel in der Altstadt, Tel. 28 02 71*

Hekhal Shlomo
(Sir Isaac Wolfson Museum)
★ Am Sitz des ashkenasischen Oberrabbinats werden in einem angeschlossenen Museum kostbare jüdische Kultgegenstände und liturgische Objekte aus den Ländern der jüdischen Diaspora z. B. aus Europa, Indien oder Nordafrika ausgestellt. (B 4) *So bis Do 9–13, Fr 9–12 Uhr; Eintritt 6 NIS, King George Street 58, Tel. 24 71 12, Busse 4, 9, 22, 32*

Herzl Museum
Ein kleines Museum zum Andenken an den großen Zionisten, der von 1860–1904 lebte und dank dessen Ideen und literarischen Schaffens (z. B. der Roman »Altneuland«) der jüdische Staat in Palästina verwirklicht wurde. Ausgestellt werden Herzls Tagebücher, Briefe, persönliche Gegenstände und viele Manuskripte. (Außerhalb A 6) *So–Do 9–17, Fr 9–13 Uhr, auf Wunsch Führung zwischen 12.30 und 14.30 Uhr; Eintritt frei, Herzl Boulevard (Mount Herzl), Tel. 51 11 08, Busse 18, 10, 24*

Huc Skirball Museum
Eine finanzstarke Ausgrabungsinstitution (The Skirball Centre of Biblical and Archeological Research) stellt Teile ihrer Funde von den Ausgrabungsstätten am Tel Dan und Tel Gezer aus. Große Fotografien der Ausgrabungen und anschauliche Modelle vermitteln einen plastischen Eindruck von der spannenden Arbeit der Archäologen. (C 5) *So bis Do 10–16, Fr und Sa 10–14 Uhr; Eintritt 4 NIS, King David Street 13 (Hebrew Union College), Tel. 20 33 33, Busse 6, 18, 21*

Islamisches Museum
(Islamica Museum)
★ Auf dem Tempelberg neben der Al-Aqsa-Moschee werden in einem von den Kreuzfahrern im 12. Jh. errichteten Gebäude be-

deutende islamische Gegenstände und Kunstwerke ausgestellt, die eine Beziehung zur Geschichte des Felsendoms und der Al-Aqsa-Moschee haben, z.B. wertvolle Koranausgaben, Lampen, Türen und das schmiedeeiserne Gitter, das einst den Felsen des Propheten vor Reliquienjägern schützte. (E4) *Öffnungszeiten und Eintritt vgl. Al-Aqsa-Moschee; Arabisches Viertel in der Altstadt, Tel. 28 33 13*

Israel Museum

Das wichtigste Museum der Stadt und zugleich das wichtigste Israels wurde 1965 im Westen Jerusalems gegenüber der Knesset eröffnet. Eigentlich sind es mehrere Museen unter einem Dach, denn in den sieben Abteilungen wird sehr Unterschiedliches ausgestellt. Darüber hinaus bietet es Raum für viele wechselnde Einzelausstellungen (Ankündigung in den Tageszeitungen; im Sommer 1992 z.B. »Kinder malen den Krieg«), lädt zu begleitenden Vorträgen und Filmvorführungen ein und veröffentlicht eine eigene Kulturzeitschrift.

Bezabel-Kunstmuseum heißt die Abteilung, in der Bilder bekannter französischer Impressionisten neben denen jüdischer Maler hängen. Den größten Teil nimmt das über mehrere, untereinander verbundene Pavillons sich erstreckende *Samuel Bronfman-Archäologie-Museum* ein. Funde aus 10000 Jahren Geschichte im Raume Palästina: Kupfergeräte aus einer Höhle bei En Gedi, Gläser und Glasvasen aus allen Teilen des Landes, Urnen von der Halbinsel Sinai, auch eine vollständige Synagoge aus der Zeit des Barock, die in Italien ab- und hier wieder aufgebaut wurde. In den Judaica-Räumen wurden jüdische Kunst- und Kultgeräte, sowie folkloristische Trachten der weit zerstreuten jüdischen Gemeinden zusammengetragen. Zu den Prunkstücken der Archäologieabteilung zählt eine kleine Silberplatte aus dem 6. Jh. v. Chr., die man im Hinnomtal fand! In sie sind die biblischen Worte des Segens graviert, den Mose übermittelte (4. Mose 6,22-24) und den die Priester und Pfarrer bis heute sprechen: »Der Herr segne dich und behüte dich; er lasse sein Angesicht leuchten über dir und sei dir gnädig.« Diese Bibelfragmente sind 600 Jahre älter als die Textrollen vom Toten Meer, die in einem eigenen Teil des Israelmuseums, dem »Schrein des Buches« (Shrine of the Book) zu sehen sind.

★ Der *Schrein des Buches* ist der eigentliche Mittelpunkt des Museums. Er beherbergt die wertvollsten Zeugnisse der Geschichte des jüdischen Volkes: hebräische Schriftrollen aus dem ersten vorchristlichen Jahrhundert mit dem vollständigen Buch des Propheten Jesaja. Als die Rollen in Tonkrügen von zwei Hirtenjungen in einer Felshöhle beim Dorf Qumran am Toten Meer 1947 gefunden wurden, war dies eine Sensation, denn alle bis dahin bekannten hebräischen biblischen Texte waren 1000 Jahre jünger. Die Architektur des Schreins steht in enger Beziehung zu seinem Exponat und dessen Fundort. Das Gebäude hat die Form eines Tonkrugs und sein mit leuchtend weißen Keramikplatten gedecktes Dach

Im Vorhof des Israel Museums: eine Plastik von Henry Moore

wirkt wie der dazugehörende Deckel. Im Innern des Rundbaus gruppieren sich die Schaukästen um einen mächtigen Thorarollen-Griff, der den Blick nach oben zieht. Der lange, dunkle Eingang vermittelt das Gefühl, man ginge in eine Höhle. Im Untergeschoß ergänzen zeitgenössische Gegenstände des alltäglichen Lebens und Dokumente aus der Zeit des Bar-Kochba-Aufstandes (132–135 n. Chr.) die Ausstellung.

Wegen des unvorstellbaren Wertes der Qumran-Rollen sind die ausgestellten Exponate täuschend echte Kopien. Aber nur ein Teil der Funde wird so der Öffentlichkeit zugänglich. Der größte Teil der Rollen liegt unter Verschluß. Nur ein kleiner Kreis auserwählter Wissenschaftler darf sie erforschen; auf Drängen des Vatikans und mit Zustimmung Israels werden sie nicht veröffentlicht. Denn Teile dieser gefundenen Texte berichten auch über die Vorstellungen und Lebensweisen der Essenersekte von Qumran, der enge Beziehungen zu Johannes dem Täufer und über ihn zu Jesus von Nazareth nachgewiesen werden. Das macht die Rollen von Qumran kirchenpolitisch höchst brisant: Sie könnten das amtliche Christusbild der katholischen Kirche zerstören und die These, daß es »Christen« schon vor Christus gab, erhärten. So gesehen wäre das Christentum dann nur eine jüdische Sekte, zweifelsohne aber die erfolgreichste.

1990 erschienen in den USA Raubdrucke bisher nicht veröffentlichter Qumran-Texte, angefertigt von (unrechtmäßig erstellten?) Mikrofilmen. Zu ihrer Echtheit schweigt sich der Vatikan aus. Folgt den größten archäologischen Funden der größte akademische Skandal?

Außerhalb des Museums werden im *Billy-Rose-Garten*, den der Japaner Isamo Noguchi gestaltete, Skulpturen von bedeutenden Bildhauern, u.a. von Auguste Rodin und Henry Moore gezeigt. Ein kinderfreundliches *Jugendmuseum*, in dem die Kinder selbst malen und basteln, rundet die Vielfalt des Angebots ab. (A 5) *So, Mo, Mi, Do 10–17, Di 16–22 Uhr (vom 1. 7.–31. 8. 10 bis 22 Uhr) Abteilung »Schrein des Buches« ganzjährig 10–22, Fr und Sa 10–14 Uhr (Karten für Sa bereits während der Woche kaufen, da die Kasse am Sa geschlossen ist); Führungen durch die Abteilungen »Schrein des Buches« So, Mo, Mi, Do, Fr 11 Uhr und Di 16.30 Uhr in Englisch. Um sicher zu sein, daß sich die Zeiten nicht geändert haben: Telefonansage 70 88 73; Eintritt 15 NIS, Ruppin Street, Tel. 70 88 11, Busse 9, 17, 24*

Munitionshügel
(Ammunition Hill, Givat Hatachmoshet)
Denkmal und Museum am Fuße des Skopusberges. Um den ehemals jordanischen Hügel kämpften Israelis und Jordanier am 5. und 6. Juni 1967 erbittert, denn sein Besitz war von strategischer Bedeutung für den Zugang zur Altstadt. Die restaurierten jordanischen Bunkeranlagen sind Teil des Museums, in dem die Eroberung des Hügels dokumentiert und in einem Film in Erinnerung gerufen wird; für Jerusalemer Schüler ist der Besuch Teil ihres Curriculums. Neueste Attraktion: eine Computersimulation mit »Sound and Light Show« über den Sechstagekrieg. (D 1) *So–Do 9–17, Fr 9–13 Uhr; Eintritt 5 NIS, Eshkol Boulevard, Nablus Road, Tel. 82 84 42, Busse 4, 9, 25, 26, 28*

Museum der Geschichte Jerusalems
(Tower of David Museum of the History of Jerusalem)
★ In elf Räumen der Davidszitadelle wurde 1989 ein Museum eröffnet, das sich der Geschichte Jerusalems in aufwendiger Weise und unter Zuhilfenahme neuester technischer Medien widmet. Was man über die Geschichte Jerusalems nicht vor Antritt der Reise in Erfahrung gebracht hat – hier kann man es nachholen. In einem Raum steht das für die Wiener Weltausstellung (1873) gebaute Modell der Stadt. (D 5) *So–Do 10–17 Uhr (vom 1. 6.–31. 8. So–Do 10–19 Uhr); Eintritt 15 NIS. Eine eindrucksvolle »Sound and Light Show« veranschaulicht die historischen Ereignisse, So und Mi 20.30 (hebräisch) und Do 21.30 (englisch); 15 NIS. Tower of David (gegenüber dem Jaffator), Tel. 28 32 73, Busse 1, 3, 13, 19, 20*

Museum des griechisch-orthodoxen Patriarchats
(Greek Orthodoxe Patriarchate Museum)
Archäologische Funde aus der Frühzeit der griechisch-orthodoxen Kirche sowie eine Sammlung römischen und byzantinischen Glases werden in einem Bauwerk der Kreuzfahrer aus dem 12. Jh. präsentiert. Die herausragendsten Exponate sind zwei reich mit floralen Motiven verzierte, weiße Steinsärge aus dem Familiengrab des Herodes und die Tür der Grabeskirche, deren Holzschnitzereien durch Elfenbeinintarsien reich ausgeschmückt wurden. Zu den Kostbarkeiten zählt auch ein Kreuzfahrer-Kapitell aus dem 12. Jh., in das die Häupter von Moses und Aaron eingemeißelt sind. (D 4–5) *Mo–Fr 9–13, 15 bis 17 Uhr; Eintritt 2 NIS, im Gebäude des griechisch-orthodoxen Patriarchats, Christliches Viertel in der Nähe des Jaffators, Tel. 28 40 06*

Museum für Islamische Kunst
(Leo Ary Mayer Memorial Institute of Islamic Art)
★ Das Museum trägt den Namen des jüdischen Orientalisten und fällt von außen durch seine festungsähnliche Architektur auf. Tritt man durch einen der fünf Eingangsbögen ins Innere, erwarten den Besucher herausragende Stücke islamischer Kalligraphie, wertvolle Keramik und prächtige Gewänder. Zum Museum gehören ein Archiv, eine Forschungsbibliothek sowie eine Foto-Sammlung über Kunst und Architektur des Islam. Leider fehlen die wertvollsten Stücke einer ausgefallenen Uhrensammlung; sie wurden vor Jahren gestohlen. (B 6) *So, Mo, Mi, Do 10–17, Di 16–20, Fr und Sa 10–14 Uhr; Eintritt 8 NIS, HaPalmach Street 2, Tel. 66 12 91/2, Busse 15, 15 a*

Museen im Jüdischen Viertel
Im Jüdischen Viertel der Altstadt befindet sich mehr als ein halbes Dutzend kleiner – vorwiegend archäologischer – Museen, die sich gegenseitig ergänzen und die als Ensemble einen sehr guten Einblick in die Geschichte und Lebensweise der Juden innerhalb der Mauern der Stadt vermitteln. Im Viertel geht man zu Fuß; Wegweiser erleichtern das Auffinden der einzelnen Museen. (Alle E 5)

Haus des Kathros
(Burnt House)
In dem 1970 freigelegten Haus, das im Jahre 70 bei der Zerstörung Jerusalems von den Römern in Brand gesetzt wurde, werden die Haushaltsgegenstände der damaligen reichen Bewohner ausgestellt: Küchengeräte, bemalte Vasen, Parfümflaschen, Tische aus Stein. *So–Do 9–17, Fr 9–13 Uhr; Eintritt 3 NIS, Tiferet Yisrael Street 13, Tel. 28 72 11*

Museum eines letzten Tages
(One Last Day-Museum)
Die Fotografien des Engländers John Phillips dokumentieren die letzten 24 Stunden im Jüdischen Viertel der britischen Mandatszeit vor dem Einzug der Jordanier am 28. Mai 1948. Karten, Zeitungen und Filme belegen die anschließende Zerstörung. *So–Do 9–17, Fr 9–13 Uhr; Eintritt 2 NIS, Hayehudim Street, Tel. 28 81 41*

Old Yishuv Court Museum
★ Der Name des Museums leitet sich von dem hebräischen Wort für Siedlung (Yishuv) ab. Ausgestellt werden in dem restaurierten Haus des frühen 19. Jhs. Gegenstände und Dokumente der jüdischen Gemeinden in Israel und in der Altstadt Jerusalem bis 1880, also aus der Zeit vor den zionistischen Einwanderungen. In diesem Anwesen haben die ashkenasische und safardische Judengemeinde der Stadt von der Mitte des 19. Jhs. bis 1948 ihre Rechtsstreitigkeiten beigelegt. Auf dem Gelände befinden sich auch zwei Synagogen. *So–Do 9–14 Uhr; Eintritt 6 NIS, Rehov Or HaHayim 6, Tel. 28 46 36*

Siebenberg Museum
(Beth Siebenberg)
Im Wohnhaus der Familie Siebenberg kam es bei Bauarbeiten zufällig zu beeindruckenden archäologischen Funden. Freigelegt wurden neben vielen kleinen wertvollen Alltagsgegenständen eine 2000 Jahre alte *Mikveh* (ein rituelles jüdisches Bad), und mehrere Gräber und Zisternen aus der Römerzeit. Eine Dia-Show hält die Veränderung des Hauses vom Wohnhaus zum

Museum fest. *So–Do 9–17, Fr 9–13 Uhr, Führungen in Englisch jeweils um 12 Uhr; Eintritt 6 NIS,- Hagitit Street 7, Tel. 28 23 41*

Turm der Kinder Israels
(Israelite Tower)
An der Westseite des Shonei-Halachot-Platzes führt eine der tiefsten Ausgrabungen im Jüdischen Viertel zehn Meter unter das Straßenniveau. Nach 53 Stufen, die man unter ein neues Wohnhaus hinabsteigen muß, erreicht man den freigelegten Wachturm eines Stadttores, der in die Zeit des Ersten Tempels (1000–586 v. Chr.) datiert. Mauern aus jüngerer Zeit schließen an den Turm an. *So–Do 9–17, Fr 9–13 Uhr; Eintritt 4 NIS, Shonei Halachot Street, Tel. 28 34 48*

Wohl Archeological Museum
(Herodian Quarter Museum)
Mitten im Viertel, in den Räumen freigelegter Wohnhäuser aus der Zeit des Herodes, gewährt ein junges Museum (eröffnet 1988) Einblick in das städtische Leben vor der Zerstörung des Zweiten Tempels; um die Mosaiken, Bäder und Wohnräume zu sehen, müssen die Besucher vier Meter hinab unter das heutige Straßenniveau. *So–Do 9–17, Fr 9–13 Uhr; Eintritt 7 NIS, Hurva Square, Tel. 2 83 48*

Yad Ben Zvi Museum
Gegenüber dem »Turm der Kinder Israels« wird ein Modell der Stadt in der Zeit vor der Babylonischen Gefangenschaft, also jene 500 Jahre der Periode des Ersten Tempels (1000–580 v. Chr.), ausgestellt; die ergänzenden Modelle eines Wohnhauses und eines typischen Grabes dieser Zeit vermitteln sehr anschaulich die Lebensverhältnisse in der Stadt Davids. *So–Do 9–17 Uhr, Führungen 12, 12.30 und 16 Uhr; Eintritt 3 NIS, Plugat Hakotel, Tel. 28 62 88*

Rockefeller Museum

★ Das von den amerikanischen Rockefellers 1927 gestiftete und heute von der Rockefeller-Stiftung verwaltete Museum gehört zu den bedeutendsten archäologischen Museen Israels. Ausgestellt werden unter anderem prächtige Decken aus dem Hishama-Palast in Jericho (West-Galerie), hellenistischer Goldschmuck, ein Skelett aus einem 4000 Jahre alten Höckergrab (Süd-Galerie) Sarkophage und Kapitelle aus der Römerzeit (Innenhof).

Auswärtigen Besuchern ist ein Besuch des Museums sehr zu empfehlen. Auch jene jüdischen Bürger Jerusalems, die die islamischen Gläubigen regelmäßig auf dem Tempelberg provozieren, sollten häufiger hineinschauen, denn dort wird eine alte Tafel gezeigt, die vor dem Absperrgitter am Tempelberg in griechischer und lateinischer Sprache die Juden bereits vor 2000 Jahren warnte, den Tempelbezirk zu betreten. (E 4) *So–Do 10–17, Fr und Sa 10–14 Uhr (Führungen um 11 Uhr); Eintritt 8 NIS, Suleiman Street (gegenüber Herodestor), Tel. 28 22 51, Bus 23, 27*

Tourjeman Post Museum

Das Tourjeman-Haus, ein in den dreißiger Jahren gebautes dreistöckiges Haus mit einer begehbaren Dachterrasse, steht am äußersten Nordrand des israelischen Teils Jerusalems. Von 1948 bis 1967 verlief in seiner unmittelbaren Nähe die Grenze zwischen dem jungen Staat Israel und Jordanien; direkt hinter dem Haus lag damals der einzige Grenzübergang zwischen beiden verfeindeten Staaten, das Mandelbaum-Tor. Das Tourjeman-Haus diente als letzter israelischer Militärposten vor der Grenze. Historische Fotografien, ein dreißigminütiges Video und viele Einschußspuren im teilweise restaurierten Haus, können die Zeit des Siebentagekrieges an dieser historischen Stelle sehr lebendig werden lassen. (D2) *So–Do 9–16, Fr 9–13 Uhr, Eintritt 4 NIS, Hail Hahandassah Street 1 (Nablus Road, nahe Hotel American Colony), Tel. 28 12 78, Bus 1, 3, 27*

Yad Vashem

★ Mahnmal, nationale Gedenkstätte und Museum unter einem Dach, um die Shoa, die Vernichtung von sechs Millionen europäischen Juden, in Erinnerung zu bewahren. Der Besucher schreitet zuerst durch die »Allee der Gerechten« (Garden of the Righteous), die mit jedem Baum und einem davor angebrachten Namensschild persönlich jene Nicht-Juden ehrt, die unter Einsatz ihres Lebens verfolgten Juden das Leben retteten. Der 1957 eröffnete Gebäudekomplex beherbergt ein Forschungszentrum, ein Dokumentationszentrum mit über 50 Millionen Dokumenten, eine 1982 eingerichtete Kunstabteilung (Yad Vashem Art Museum), die Gemälde, Zeichnungen und Skulpturen von Überlebenden des Holocaust ausstellt, eine ständige Fotoausstellung und eine Gedenkhalle, in deren Boden die Namen der 22 größten Konzentrationslager eingemeißelt sind. Neben einer Bronzeschale, die

Mahnmal in Yad-Vashem, der Gedenkstätte für die Opfer des Holocaust

die Asche von KZ-Opfern aus allen genannten Lagern enthält, brennt eine ewige Flamme. Die ständige Ausstellung »Warnung und Zeuge« ist ein äußerst sorgfältig zusammengestellter und übersichtlich gegliederter Versuch, das Unfaßbare für die Nachwelt faßbar zu machen und das grauenhafte Schicksal der Juden während des zwölfjährigen Naziterrors durch Fotos, schriftliche Darstellungen, amtliche Schriftstücke und Verlautbarungen sowie Zeitungsausschnitte zu dokumentieren: Die Deportation von 1933–41 (Halle A), die Ausrottung in den Konzentrationslagern 1941–44 (Halle B), der bewaffnete Widerstand der Juden (Halle C), die Auswanderungswelle nach Israel (Halle D), eine differenzierte Aufstellung der Verluste von Angehörigen der jüdischen Religion (Halle E). Man sollte Yad Vashem unter keinen Umständen auslassen; für vieles im Land hat man nach einem Besuch mehr Verständnis. (Außerhalb A 6) *So–Do 9–17, Fr 9–14 Uhr; Eintritt frei, Hazikkaron Street, Tel. 75 16 11, Busse 13, 18, 20, 23, 24, 27*

نجلاء فتحي
حسين فهمي
صفيه العمري
MESSAGE
SPACE

Wohin gehen wir essen?

In der Heiligen Stadt muß man auf irdische Köstlichkeiten nicht verzichten

Weil der Staat Israel noch kein halbes Jahrhundert alt ist, gibt es keine nationale »israelische Küche«, die von den Koch- und Eßgewohnheiten durch kulinarische Eigenständigkeit anderer Länder abgegrenzt werden könnte. Bewohner und Köche des Landes kochen so, wie ihre Verwandten kochten, aber die sind aus nahezu hundert Ländern der Welt nach Israel eingewandert und haben aus ihrer Heimat die dortigen traditionellen Gerichte mitgebracht. In Jerusalem speist man also vorzüglich argentinisch oder französisch, österreichisch oder spanisch, ungarisch oder italienisch, aber immer spürt man auch orientalisch-arabische Elemente: ungewohnte Gewürze und viele Zwiebeln, frische Tomaten und aufgeschnittene Gurken, Knoblauch und Öl. Dieser Einfluß der arabischen Küche auf die Speisekarte Israels läßt sich leicht erklären: Zum einen lebten in Palästina Juden und Araber jahrhundertelang zusammen und zum anderen kam die Hälfte aller jüdischen Immigranten aus arabischen Staaten.

Köstliche arabische Spezialitäten bereichern die israelische Küche: Gebäckstand eines Arabers

Was fälschlicherweise als jüdisch oder israelisch mit Küche und Gerichten in Zusammenhang gebracht wird und was als Begriff in jeder Speisekarte Jerusalems auftaucht, ist das Schlüsselwort »koscher«. Das hebräische Wort koscher bedeutet rein, sauber, erlaubt und definiert, ob die Zutaten der Speisen und ihre Zubereitung den religiösen Vorstellungen des Alten Testamentes entsprechen. Alle Restaurants deklarieren in ihren Eingängen, ob sie koscher sind, wobei es gar nicht so leicht ist, das »Reinheitszertifikat« des Oberrabbiners zu erlangen. Erlaubt ist nach Mose das Fleisch jener Tiere, die »ganz durchgespaltene Klauen haben« und zugleich »wiederkauen«, also Ziegen, Rinder und Schafe. Schweine und Kamele erfüllen diese Bedingung nicht. Als einzige Schlachtform ist das Schächten erlaubt, das vollständige Ausblutenlassen bis zum Tod des Tieres, denn die

Bibel gebietet ausdrücklich: »Ihr dürft kein Blut essen.« Erlaubt sind auch Geflügel und Fische, unrein dagegen sind gemäß der Schriften (3. Mose 11) z. B. Kaninchen, wildlebende Vögel und Meerestiere, »die weder Schuppen noch Kiemen haben«; Hummer, Krabben, Muscheln oder Aale stehen deshalb auf keiner koscheren Speisekarte. Vergebens wird man auch in einem koscheren Restaurant Fleisch mit einer Sahnesauce suchen, denn die jüdischen Essensregeln (Kaschrut) verlangen die strikte Trennung von Fleisch und Milch bei der Zubereitung. »Du sollst das Böcklein nicht kochen in seiner Muttermilch«, heißt es bei Mose (2. Mose 23, Vers 19), und deshalb ist sogar noch zwischen dem Verzehr von Fleisch und dem von Milch ein zeitlicher Abstand von mindestens sechs Stunden einzuhalten. Kaffee mit Milch nach einem Fleischmenü zu trinken, verstößt demzufolge eklatant gegen das Reinheitsgebot. Um ganz sicher zu gehen, haben koschere Restaurants und betuchte strenggläubige Familien deshalb zwei Küchen, getrennte Töpfe, getrenntes Geschirr und getrennte Bestecke für Fleisch- und Milch-

MARCO POLO TIPS FÜR RESTAURANTS UND CAFÉS

1. **Beit Ticho**
   Restaurant, Café, Museum – alles unter einem Dach (Seite 56, 58)
2. **Arabesque**
   Orientalische Atmosphäre im Palast eines Paschas (Seite 56)
3. **La Moon**
   Beliebter Treffpunkt wegen der guten Gerichte und der netten Leute (Seite 56, 61)
4. **Au Sahara**
   Klein, für gehobene Ansprüche, vorzügliche marokkanische Küche (Seite 56)
5. **Jerusalem Skylight**
   Restaurant hoch über den Dächern Jerusalems (Seite 58)
6. **Mei Naftoah**
   Beliebtes Landhaus-Restaurant vor den Toren der Stadt (Seite 58)
7. **Sabra**
   Coffee Shop mit Terrasse im King David Hotel (Seite 56)
8. **Abu Shukri**
   Noch immer gibt's hier den besten Humus (Seite 61)
9. **El Gaucho**
   Wer Appetit auf argentinische Steaks verspürt speist hier am besten (Seite 58)
10. **Feferberg's**
    Jüdische Kochtradition bester Art – natürlich glatt koscher (Seite 58)

gerichte. »Glatt koscher« heißt auf jiddisch diese besondere Steigerung koscherer Rigidität.

Israelis frühstücken gerne üppig. Auch in den meisten Hotels wird den Gästen ein köstliches Mammut-Buffet offeriert, zu dem Käse, Quark und Yoghurt ebenso gehören wie frische Tomaten, Gurken und Paprika, aber auch eingelegte oder geräucherte Fische und herrliche Fischsalate. Frisches Obst und frischgepreßte Obstsäfte gehören ebenso dazu wie Eier und Milch.

Für Touristen bietet sich als Mittagessen die Gelegenheit, orientalische Gerichte in Israel kennenzulernen:
Humus (Kichererbsenbrei) und *Falafel* (in Fett gebratene Kugeln aus Kichererbsenmehl und Gewürzen), *Kebab* (Rind- oder Hammelhackfleisch), *Schischlik* (geröstete Fleischspieße) oder *Shuarma* (am Spieß geröstete Hammelfleischstückchen).
Meist stellt der Wirt vorher unaufgefordert eine Schüssel mit eingelegten Zwiebeln, Oliven und Paprikaschoten auf den Tisch.

Für eine kleine Zwischenmahlzeit bieten die Cafés in Jerusalem nachmittags selbstverständlich auch Kurzgerichte, Salate und Sandwiches an.

Wer zum Abendessen ausgehen will, braucht keine festliche Kleidung. Selbst in feinen Restaurants erwartet man keine Krawatte oder das kleine Schwarze. Den Tisch sucht man in der Regel selbst, als Trinkgeld sind 15 Prozent üblich.

Die Israelis sind keine großen Weintrinker. Das konnte Baron Edmond de Rothschild nicht ahnen, als er 1886 zionistischen Siedlern, die sich an den Westhängen des Karmel-Gebirges niedergelassen hatten, mehrere Weinpressen schenkte. Zikhron Yaakov ist der größte Weinort Israels, verdanken dieser Schenkung ihre Existenz. Seit der Annexion des Golan bauen die Israelis auch dort mit großem Erfolg Wein an. Die Produkte aus der »Golan Heights Winery« (z. B. der trockene Golan Cabernet Sauvignon) und die bekannten »Carmel«-Weine (z.B. der rote Cabernet Sauvignon Rothschild Carmel oder der weiße Emerald Riesling aus dem gleichen Haus) genießen weltweites Ansehen und haben internationale Preise gewonnen.

In Westjerusalem sind am Freitagabend und am Samstagmittag die meisten Restaurants geschlossen. Wer warm essen will, muß die Hotelrestaurants aufsuchen. Nur im besetzten Ostteil der Stadt sind die Restaurants am Shabbat geöffnet.

Wer gut frühstücken oder nur eine Kleinigkeit zu sich nehmen möchte, vielleicht auch nur Freunde zu einem Gespräch bei einer Tasse Kaffee zu treffen beabsichtigt, der sollte in Jerusalem ein Café aufsuchen.

CAFÉS

Akrai
Üppiges Frühstück, herrliches Gebäck, gute Milchshakes mitten in einer Fußgängerzone. (C 4) *Lutz Street 13*

Artist's House
Vor mehr als 50 Jahren malten in dem orientalischen Gebäude

Schüler der Bezabel Art School; heute finden hier wieder Ausstellungen statt. Gute Küche bis 23 Uhr. (B 4) *Shemuel HaNajid Street 12, Tel. 23 29 20*

Beit Maskit

Drinnen oder in einem gepflegten Garten kann man kleine Köstlichkeiten, z. B. Salate, Pfannkuchen, Obstsäfte, Yoghurt- und Quarkspeisen oder einen sehr guten Eiskaffee zu sich nehmen. (C 4) *So–Do 10 bis 24, Fr 10–15 Uhr, Sa Shabbatende bis 24 Uhr, Rav Kook Street 12 (am Ziove Square), Tel. 22 79 14*

Beit Ticho

★ Das ehemalige Wohnhaus der prominenten Bürger Anna und Albert Ticho ist heute ein Museums-Café mit einer herrlichen Terrasse. Selbstgemachter Apfelstrudel ist die Spezialität der vegetarischen Küche. (C 4) *Tgl. bis 21 Uhr, Harav Kook Street 9 (am Zion Square), Tel. 24 41 86*

La Moon

★ Beliebtes Café in der Cinemateque, interessanter Treff nicht nur für Film-Freaks; gute Küche, schnelle Bedienung. (C 6) *Tgl. (auch Fr) bis 23 Uhr geöffnet, Hebron Road, Tel. 71 21 92*

Pottery Coffee House

Café und Keramikladen, beide von hoher Qualität. (C 4) *King Salomon Street 22, Tel. 22 75 15*

Sabra

★ Ein Treffen auf der Terrasse des Coffee Shop im King David Hotel lohnt sich auch wegen des Blicks zur Altstadt. (C 5) *Tgl. 7–24 Uhr, King David Street 23, Tel. 22 11 11*

RESTAURANTS

Kategorie 1
(Hauptgericht ab 25 US$ pro Person ohne Getränke)

Arabesque

★ Im American Colony Hotel; sowohl im herrlichen Innenhof als auch im Restaurant am Swimmingpool – es ist die gehobene orientalische Atmosphäre im ehemaligen türkischen Palast, an die man sich nach dem guten Essen in diesem Haus so gerne erinnert. Die Küche wird von Schweizer Köchen geleitet. Nach dem Essen sollte man die Kellerbar aufsuchen; freitags »candle light dinner« und Samstagmittag Buffet. (D 2) *Nablus Road, Tel. 28 24 21, Bus 23*

Au Sahara

★ In dem eleganten marokkanischen Restaurant wird mit französischem Charme vorzügliches Essen serviert. Klein aber sehr fein: Nur wenige Gäste haben an einem Dutzend Tische, die sich angenehm privat in Ecken und Nischen des Raumes gruppieren, Platz für die orientalischen Köstlichkeiten. Leger und doch elegantes Ambiente, höflich zurückhaltende Bedienung. (C 4) *So–Do 12–16 und 18.30–24, Fr 12–15 Uhr und Sa eine Stunde nach Sonnenuntergang bis 24 Uhr; Jaffa Road 17, Tel. 25 42 39*

Cardo Culinaria

Man muß nur Ideen haben und gut kochen können. Mitten im Jüdischen Viertel der Altstadt, direkt an der zentralen Straße des antiken Jerusalems, am Cardo, hat ein Restaurant eröffnet, das seine Gäste in die Zeit des Hero-

Die Gourmet-Tempel Jerusalems

La Regence
Internationale Küche, exklusive Atmosphäre, erlesene Weine, phantasievolle Menüs für zwei Personen, Klaviermusik, Kerzenlicht, geschmackvoll gedeckte Tische, Blumen, aufmerksame Bedienung – all das erwartet man eigentlich auch im eleganten Restaurant des besten Hotels der Stadt. Und diese Erwartungen werden sogar übertroffen.
Man kann aber im gleichen Haus nebenan auf der Terrasse des Gan Dan Cafes auch sehr gut speisen und dabei den Blick hinüber zur Altstadt und zum Berg Zion genießen. (C 5) *So–Do 12–15 und 19–24 Uhr, Fr 12–14, Sa 20–24 Uhr, King David Hotel, King David Street, Tel. 22 11 11, Busse 5, 6, 18, 21*

Mishkenot Shaananim
Französische Küche mit genau jenen kleinen orientalischen Accessoires, an denen sich der Besucher vergewissert, daß dieses französische Spitzenrestaurant nicht in Paris sondern in Jerusalem steht. Hier trifft sich das reiche Jerusalem am Abend, nicht zuletzt wegen der erlesenen Weine. Zudem ist die Lage des Hauses herausragend: direkt am Fuße der Montefiore-Windmühle mit Blick auf die Mauern der Altstadt und das Künstlerviertel Khutsot HaYotser. Während der Gänge sollte man sich von der zuvorkommenden Bedienung die Geschichte der Windmühle erzählen lassen. Abends muß man Plätze vorbestellen. (C 5) *Tgl. 11–1 Uhr, samstags 12–15 Uhr Büfett, Yemin Moshe Street, Tel. 25 10 42 und 23 34 24, Busse 4, 14, 15, 18*

Seven Arches
Wenn abends in Jerusalem langsam die Lichter angehen und die goldene Kuppel des Felsendoms besonders eindrucksvoll über die Altstadt hinausragt, genießt man diese Szenerie am besten bei einem Abendessen auf dem Ölberg. Genau an der richtigen Stelle steht hier das ehemals dem jordanischen König gehörende Hotel, in dessen Restaurant man vorzüglich speist. Bronzelampe, bläulich-grünes Dekor und viele Kerzen unterstützen die ruhige festliche Stimmung. Samstags großes Shabbat-Bufett. (F 5) *Tgl. 12–24 Uhr, Mount of Olives, Tel. 28 25 51 bis7, Bus 42*

Valentino
Die italienische Küche ist nicht zu überbieten, Ausstattung und Bedienung ebenfalls nicht. Kerzenlicht und leise Musik tun ihr übriges, um von Bella Italia zu träumen; auf Wunsch spielen die Musiker auch Stücke von Gianna Nannini oder Eros Ramazotti. (E 1) *Tgl. außer Fr von 19–24 Uhr, Hyatt Regency Hotel, Lehi Street 32, Tel. 33 12 34, Busse 23, 23 a*

des zurückversetzt. Einrichtung, Sitzgelegenheiten und Kleidung des Personals geben vor, exakt dem zu entsprechen, was in der römischen Provinz Judäa vor 2000 Jahren »in« war. Auch die Speisen werden nach alten Rezepten hergestellt, wobei man schnell dahinterkommt, daß die Römer auch sehr gut und gar nicht so grundsätzlich anders aßen, als wir es heute tun. Wer Sinn für nicht alltägliche Folklore hat und dabei auf gutes Speisen nicht verzichten möchte, sollte das »kulinarische Herz« aufsuchen. (E 5) *So–Do 19–23 Uhr, Sa nach Sonnenuntergang bis 23 Uhr; Cardo im Jüdischen Viertel, Tel. 89 41 55*

El Marakesh
Sehr gute französische und marokkanische Küche, arabisches Interieur auf dicken Teppichen; am Eingang dokumentieren ein Dutzend gewonnener Auszeichnungen die Qualität des Hauses; So, Di und Do um 21.30 Uhr Programm (z.B. Musik oder Bauchtanz). (C 5) *Sa–Do 12–16 und 18–24 Uhr; King David Street 4, Tel. 25 75 77, Busse 5, 6, 18, 21*

Jerusalem Skylight
★ Im Dachrestaurant des City Tower, dem höchsten Gebäude der Stadt, wird gute internationale Küche geboten; die Aussicht aus dem 21. Stock über Jerusalem und die Qualität des Essens sind gleichermaßen hervorragend; aufmerksamer Service, Piano- und Gitarren-Musik. (B 4) *So–Do 12–22.30 Uhr, Sa Shabbatende bis 23.30 Uhr; Eilon Tower Hotel, Ben Yehuda Street 34/ Ecke King George Street, Tel. 23 32 81, Bus 4, 7, 17*

Mei Naftoah
★ Gehobene ländliche Atmosphäre, internationale und orientalische Gerichte, wunderschöne Aussicht; im Winter zünden Eli und Mira Kedar abends den Kamin an. (Außerhalb A 1) *Von Jerusalem in Richtung Tel Aviv, Lifta Street 11, Shaarei Jerusalem; Tel. 37 13 74, nur per Pkw zu erreichen*

Kategorie 2
(Hauptgerichte ab 15 US$ pro Person ohne Getränke)

Beit Anna Ticho
★ Nifgashim heißt das vegetarische Restaurant im ehemaligen Wohnhaus der Familie Ticho, in dem auch auf der Gartenterrasse leichte Gerichte serviert werden. (Im selben Haus wurde 1984 ein Museum eröffnet, das die Bilder von Anna Ticho der Öffentlichkeit zugänglich machte. (C 4) *So bis Do 10–24 Uhr, Sa 30 Min. nach Sonnenuntergang bis 24 Uhr; Harav Kook Street 9/Ecke Zion Square, Tel. 24 41 86, Bus 4, 14, 18*

El Gaucho
★ Argentinisches Steakrestaurant, das beste in der Stadt. Vorzüglich das »Steak El Gaucho« vom Grill, für ganz Hungrige das »Steak Chorizo« (1000 gr); Gadi Nachimor, Chefkoch und Besitzer spendiert pro Tisch die erste Flasche Wein. (C 4) *So–Do 12 bis 24 Uhr, Sa 30 Min. nach Sonnenuntergang bis 24 Uhr; Rivlin Street 22 (gegenüber dem Agron Haus), Tel. 22 66 65, Busse 4, 7*

Feferberg's
★ Als das Familienrestaurant vor einem halben Jahrhundert eröffnete, ahnten seine Besitzer nicht, daß ihr Haus sich zum re-

nommiertesten jüdischen Restaurant Jerusalems entwickeln würde. Hier kann man – natürlich glatt koscher – die jüdischen Kochtraditionen Osteuropas kennenlernen, z. B. die Krupnik-Suppe oder den Sholent-Eintopf. Das gute Essen und die leise jüdische Musik läßt die Gäste besonders lange verweilen. (C 4) *So bis Do 12–22, Fr nur 11–13 Uhr, Sa von Sonnenuntergang bis 22 Uhr; Jaffa Road 53, Tel. 25 48 41, Busse 3, 5, 6*

Gulash Inn

Nur wer aus Ungarn stammt, macht so einen Gulasch wie die Fischers; ihr Restaurant gehört zu den führenden der Stadt. (Außerhalb A 5) *Tgl. 12–15 und 18.30–23 Uhr, En Kerem, Tel. 41 92 14, Bus 17*

Kamin

Restaurant im französischen Landhausstil mit großem Garten, internationale Gerichte, beliebter Treff bevorzugt als Verabredungsort. 1989 erhielt das Lokal den »Best Business Award« der Stadt. (C 4) *So–Do 10–24, Fr 10–2 Uhr morgens, Sa von 13–24 Uhr, Rhabbi Akiva Road 4 (Seitenstr. der Hillel St.), Tel. 25 64 28, Busse 8, 9, 14*

Mandarin

Wer zur Abwechslung einmal chinesisch essen möchte, sollte das beste China-Restaurant der Stadt wählen; Inneneinrichtung

Der Getränkemann für »Tee zwischendurch«

Kleines Lexikon israelischer und arabischer Spezialitäten

Bakluwah: sehr süßes Gebäck aus Nüssen, Mandeln, Ingwer und Sirup

Blintzes: Pfannkuchen

Cafe Turko: türkischer Kaffee

Cafe Hafukh: Milchkaffee

Challa: Süßes Zopfbrot mit Mohn und Rosinen

Chalav: Milch

Chavita: Omelette

Dagin: Fisch

Dfeena: Eintopf aus Kartoffeln, Eiern, Hülsenfrüchten und Rind- bzw. Kalbfleisch

Falafel: gebratene Bällchen aus Kichererbsenbrei

Gefillte Fisch: Ein schmackhafter Fischbrei mit vielen Zutaten; wird eiskalt in Form eines Fisches in Gelee serviert

Gvina: Käse

Halva: Auflauf aus Sesam- und Honigmasse

Holischkes: Krautwickel

Humus: Brei aus Kichererbsen

Kavùshim: saures Gemüse

Kebab: geschmortes Rind- oder Hammelhackfleisch

Knisches: Teigtaschen, gefüllt mit Zwiebeln, Kartoffeln, Fleisch und Gewürzen

Konafa: in Öl gebackene Nudeln mit Sirup, Morcheln und Nüssen

Krupnik: Suppe aus Graupen, Bohnen, Gemüse und Fleisch

Kugel: Nudelpudding

Latkes: Kartoffelpuffer

Lavan: Weißbrot

Lebben: saure Milch

Lechem: Brot

Lokschen: Eiernudeln

Maamul: Törtchen gefüllt mit Datteln und Nüssen

Mahallebi: Milchreis mit Zucker, Nüssen und Rosenöl

Marak: Suppe

Mashi: gefüllte Auberginen

Mazza: ungesäuertes flaches Knäckebrot

Miz: Fruchtsaft

Ofot: Geflügel

Pittah: flaches Fladenbrot, Brottasche

Schischlik: geröstete Fleischspieße

Shuarma: am Spieß geröstete Hammelfleischstückchen

Shulent: kalorienreicher jiddischer Bohneneintopf incl. Kartoffeln und viel fettem Fleisch

Tehina: Sesampüree mit Zwiebeln

Yayin: Wein

Zhoug: scharfe Soße aus Chili und Knoblauch

und Tischdekoration wie in allen chinesischen Restaurants der Welt, nur alles etwas aufwendiger. (C 4) *Tgl. 12–15 und 18.30 bis 24 Uhr, Shomzion Hamalka Street 2, Tel. 25 28 90, Busse 5, 6, 13, 15*

Misadonet
Das ältere arabische Haus ist der geeignete Rahmen für die ausgezeichneten orientalischen Speisen, die die kurdische Besitzerin zubereitet; hier sollte man Mut für unbekannte Gerichte mitbringen und sich überraschen lassen. Ausgesprochen gutes Preis-Leistungsverhältnis. (Außerhalb C 6) *So–Do 12–22, Fr 11–15 Uhr, Bethlehem Road 74, Tel. 71 99 03, Busse 5, 6, 21*

Of Course
Ruhiges Lokal mit faszinierendem Blick auf die Altstadt, 'Dairy Dishes' sind die Spezialität des Hauses; aber auch viele schmackhafte Entrees, z. B. Gemüse-Quiches. (C 5) *So–Do 11 bis 23, Fr 11–14 Uhr, Sa Shabbatende bis 23.30 Uhr, im Hause der Zionist Confederation, Emile Botta Street (hinter dem King David Hotel), Tel. 24 45 85, Busse 5, 6, 18, 21*

Patio
Drinnen oder im herrlichen Garten unter schattigen Bäumen – die kleinen Gerichte, auf die sich das Haus spezialisiert hat, sind hervorragend: z. B. der vegetarische Couscous oder die süßen »Marokkanischen Zigarren« (Teigrolle gefüllt mit Nüssen, Mandeln, Datteln und Sahne) Do ab 21 Uhr Jazz. (C 6) *So–Do 8–2 Uhr morgens, Fr 8–17 Uhr, Sa Shabbatende bis 1 Uhr; Emeq Refaim Street 27, Tel. 63 39 75, Busse 4, 14, 18*

Kategorie 3
(Hauptgerichte ab 8 US$ pro Person ohne Getränke)

Abu Shukri Humus Place
★ Inmitten der Altstadt, an Station V in der Via Dolorosa, gibt es in diesem arabischen Restaurant die besten Humus-Gerichte mit köstlichen Salaten. (E 4) *Tgl. außer Fr 9–19 Uhr, Aquabat el Khanka 9, Tel. 25 49 95, zu Fuß ab Damaskus-Tor*

Alumah
Zentral gelegenes Naturkostrestaurant, bevorzugt von israelischen und ausländischen Körner-Freunden; auch ausgezeichnete Fischgerichte. (B 4) *So–Do 9–23, Fr 10–14 Uhr, Sa von Shabbatende bis 24 Uhr, Yaavetz Street 8, Ecke King George Street, Tel. 25 50 14, Busse 4, 7, 8, 9*

La Moon
★ Das Restaurant der Cinemateque wird erst gegen Abend voll, aber die Gerichte sind den ganzen Tag über ausgesprochen gut und preiswert; man hat eine schöne Sicht auf die Altstadt und den Berg Zion. (C 6) *Tgl. 10–23 Uhr, Hebron Road, Tel. 27 41 31, Busse 5, 6, 7, 21, 30*

Tavlin
Eigentlich ist dies nur ein gutes Frühstückslokal mit einfachen Holztischen, aber die guten Milch- und Yoghurt-Getränke, die Eiscremes, die Omelettes und die vielen frischen Salate machen vor allem junge Leute zu Stammgästen. (B–C 4) *So bis Do 8–24, Fr 8–13 Uhr, Sa Shabbatende bis 24 Uhr; Yoel Salomon Street 16/Ecke Hillel Street, Tel. 24 38 47, Busse 3, 5, 6, 13*

Shopping mit Pfiff

Antiquitäten, Kunst, Juwelen und Devotionalien – in Jerusalem kann man viel Geld ausgeben

Nach Jerusalem fährt man nicht des Einkaufens wegen, und doch haben viele Läden der Stadt und insbesondere der Basar in der Altstadt einen Reiz, dem man sich nicht ohne weiteres entziehen kann. Die Geschäfte im westlichen Teil Jerusalems gleichen denen westeuropäischer Städte, aber ein wenig spürt man schon die levantinische Atmosphäre, obwohl hier um den Preis zu handeln nicht üblich ist. Eine Reihe der gehobenen Geschäfte trägt im Schaufenster das Gütesiegel des Handelsministeriums, die zwei biblischen Traubenträger. Hier wird man fachkundig unter staatlicher Aufsicht bedient. Auf die Preise werden in allen Geschäften immer 18 Prozent Mehrwertsteuer (Value Added Tax, VAT) aufgeschlagen. Falls man Waren über 50 Dollar erwirbt und sie mit der Rechnung dem Zoll am Flughafen vorzeigt, zahlt die Bank Leumi in der Abflughalle die VAT zurück. Einkaufen im Basar Ostjerusalems dagegen verläuft ganz anders. In den traditionellen Ladenstraßen und Einkaufsvierteln des *Suq* werden oft die gleichen Waren und Produkte in vielen Läden nebeneinander und in gleicher Qualität angeboten. Vom Wille Allahs hängt es ab, zu welchem Händler sich der Käufer begeben wird, wobei die Händler der Entscheidung Gottes durch lautstarkes Anspreisen ihrer Ware nachzuhelfen versuchen. Aushandeln des Kaufpreises ist üblich, ja sogar die Voraussetzung für ein zufriedenstellendes Geschäft. Denn zahlen die Kunden den geforderten Preis, ärgert sich der Händler, daß er nicht einen höheren verlangt hat, und die Kunden ärgern sich, weil sie das gleiche Stück zwei Läden weiter zum halben Preis entdecken werden.

In der Nähe der christlichen Stätten haben sich die Verkäufer besondere Versuchungen ausgedacht. An der Grabeskirche z. B. treibt der Handel mit Devotionalien extreme Blüten: Kreuze und Rosenkränze in allen Größen, echtes Jordanwasser in geweihten Fläschchen, Erde vom Ölberg in Leinensäckchen, Olivenzweige aus dem Garten Gethsemane und sogar Dornenkronen als Souvenirs vom Schauplatz des Geschehens.

Das Aushandeln des Preises ist ein »Muß«: Wasserpfeifen werden auf dem Beduinenmarkt in Ost-Talpiot angeboten

ANTIQUITÄTEN

Das umfangreichste Angebot an echten und unechten »Antiquitäten« bieten die Läden im Arabischen und Jüdischen Viertel der Altstadt. Wer auf einem Echtheitszertifikat besteht, sollte einen Laden mit den biblischen Traubenträgern aufsuchen.

Arieh Klein

Römisches Glas, antike Keramik, außerdem schnitzt Arieh alles nur Erdenkliche aus altem Olivenholz, und das meiste ist sogar geschmackvoll. (C4) *Bar Ilan Street 34, Tel. 38 99 92, Busse 16, 28*

American Colony Store

★ Alte und neue Kupferwaren, Teppiche, Beduinenschmuck, arabische Kaffeekannen. (D2) *Tgl. 9–24 Uhr, gegenüber dem American Colony Hotel, Nablus Road*

King David Antiquities

Breites Angebot ausgefallener Stücke, viele Leuchter und jüdische Kultgegenstände. (C5) *King David Street 10*

Sasson

★ Kanaanitische Keramik, Bronze-Waffen, römisches Glas, griechische Öllampen, ägyptische Statuen; Gideon Sasson ist Archäologe. (C5) *King David Street 23 (Annex des King David Hotels)*

BÜCHER

Steimatzky

★ Hier gibt es alle Bücher und Bildbände über Jerusalem in Englisch. (B4/5) *King George Street 9*

Einkaufsstraße westlichen Musters: die Ben-Yehuda-Road

MARCO POLO TIPS FÜRS SHOPPING

1 **Sasson**
Antiquitäten vom Feinsten (Seite 64)

2 **Steinmatzky**
Ein Bücherparadies, nicht nur für Bibliophile (Seite 64)

3 **Khutzot HaYotzer**
Großer Künstlermarkt in Galerien. Die modernen Kunstobjekte treffen jeden Geschmack (Seite 65, 66)

4 **Ariel**
Breites Spektrum israelischer Malerei (Seite 65)

5 **American Colony Store**
Arabisches Kunsthandwerk in palästinensischer Umgebung (Seite 64)

6 **Ruth Matar**
Goldschmiedearbeiten von internationalem Rang (Seite 65)

7 **Basar in der Altstadt**
Trotz Intifada noch von großer Attraktivität (Seite 66)

8 **Stern**
Der bekannteste und exklusivste Juwelier der Stadt (Seite 66)

Stein
Antiquariat und Buchhandlung, ideal zum Stöbern, nicht speziell sortiert; Buchhändler Herbert Stein kommt aus Deutschland. (B 4–5) *King George Street 52*

KUNSTGALERIEN

Ariel
★ Israelische Arbeiten und Werke des spanischen Bildhauers Miguel Berrocal. (C 5) *King David Street 28*

Arta
Teure Objekte aus Metall, berühmt sind die Mezuza-Replikate von Marc Chagall, die die Galerie verkauft. (C 5) *King David Street 22*

Engel
Bekannt sind die 30 cm hohen, sechseckigen Kristall-Kerzenleuchter des Hauses mit Bronzefuß. (C 4) *Shlomzion HaMalka Street 13*

Ruth Matar
★ Die Goldschmiedearbeiten der aus den USA immigrierten Designerin finden internationale Anerkennung; heute fertigt sie bevorzugt Judaika aus Silber. (C 6) *Pele Yoez Street 23*

KUNSTHANDWERK

Jüdisches Viertel
Mehrere Läden mit originellen Handarbeiten und Kunstgegenständen liegen dicht nebeneinander in der *Cardo Street* und ihren Seitengassen, sowie am *Hurva Square.*

Khutzot HaYotzer
★ Neues Künstlerzentrum mit 20 Studios in Galerien, moderner Schmuck, moderne Malerei, moderne Objekte; unterhalb

der Davidszitadelle jenseits der Chativat Yerushalayim. Wo im vorigen Jahrhundert westlich des Hinnomtales einfache Häuser standen, ließen sich nach 1928 palästinensische Handwerker nieder. Nach 1967 entdeckten israelische Künstler dieses ideale Plätzchen vor den Toren der Altstadt. (D 5) *So–Do 10–18, Fr 10–14 Uhr; Busse 1, 2, 3, 13, 20*

Maskit

Schmuck, Handarbeiten aus Textil, getrocknete Blumen; zugleich ein Café. (C 4) *Harav Kook Street 12*

Wizo

Handarbeiten, Keramik, Schnitzereien, Kerzenständer, jüdische Kultgeräte. (C 4) *Jaffa Street 34*

MÄRKTE

Basar in der Altstadt

★ Die Intifada hat ihn verändert, den traditionsreichsten und lebhaftesten Markt im Nahen Osten. Vor dem Dezember 1987 war alles anders im *Suq* von El Kuds. Jetzt schließen die arabischen Besitzer ihre Läden um zwölf Uhr aus Solidarität mit der Intifada. Jerusalem verliert dadurch ein Stück seiner Attraktivität, und das soll es auch. Jetzt kommen kaum noch Touristen. An den Ecken der engen Gassen zwischen dem Damaskus- und dem Jaffator stehen Soldaten oder zivile Spitzel.

Vormittags ist es manchmal wie früher. Die Läden und Stände quellen über von Folklore-Artikeln, Kleidern, Teppichen, Messingarbeiten und Lederwaren. Dicht an dicht drängen sich die Menschen in den engen Gassen, dazwischen bahnen sich Lastenträger mit Handkarren ihren Weg durch die Treppenstraßen. »Can I help you«, schallt es freundlich aus den offenen Verkaufsnischen, um Kunden zum Feilschen einzuladen.

Mahane Yehuda

Größter jüdischer Gemüse- und Lebensmittelmarkt der Stadt; bunt, laut, malerisch, in der Fleisch- und Fischabteilung nicht immer appetitlich. Im »Lager von Juda« kaufen alle Gesellschaftsschichten, besonders fallen aber die vielen Kunden aus Mea Shearim auf. Donnerstags und am Freitagvormittag ist das Gedränge besonders groß. (B 3) *Jaffa Street, Busse 6, 7, 8, 18*

SCHMUCK

JB Jewelery

Anhänger und Ringe mit hebräischen Symbolen, Armkettchen mit hebräischen Schriftzeichen (sehr beliebt z. B. Shalom). (C 3) *Jaffa Street 53, Ecke King George Street, Busse 6, 7, 8*

Sarah Einstein

Die aus USA eingewanderte Goldschmiedin verwendet alte Münzen, Korallen und Halbedelsteine für ihre ausgefallenen Halsketten. (C 4) *Nur So–Do 10–14 Uhr, Rivlin Street 22, Bus 6*

Stern

★ Auch in Jerusalem hat der international bekannte Juwelier zwei Niederlassungen, für sein edles und sehr teures Geschmeide, natürlich an edlen und teuren Orten. (A 3) *Hilton Hotel, Givat Ram und* (C 5) *King David Hotel, King David Street 23*

Traumhaft schlafen

Ob im christlichen Hospiz oder im Luxushotel, ob im Kibbuz oder in einer Karawanserei, die Entscheidung fällt schwer

Jerusalem verfügt über das größte und breiteste Übernachtungsangebot ganz Israels. Neben zirka 80 israelischen Hotels in allen Preiskategorien gibt es mehrere Dutzend arabisch geführter Häuser im Ostteil der Stadt. Dazu kommen etwa 20 christliche Hospize unterschiedlicher Gütequalität, deren Türen in erster Linie Pilgergruppen offenstehen, die aber auch gerne weltliche Einzelbesucher aufnehmen. Für jugendliche Besucher gibt es viele Jugendherbergen und wer allein oder mit Familie länger zu bleiben gedenkt, sollte sich an eine Privatzimmervermittlung wenden. Sogar in einem Kibbuz kann man übernachten.

In Jerusalem gibt es kein »Hotelviertel«, wie z. B. in Tel Aviv oder Elat. Hotels aller Preisklassen sind in nahezu allen Teilen der Stadt zu finden. Die christlichen Hospize befinden sich meist in oder in der Nähe der Altstadt, zwei Jugendherbergen und das Kibbuz-Gästehaus Mitzpeh-Rachel auf der Strecke nach Bethlehem.

Die Hoteliers der Stadt wissen, daß kein Besucher des Heiligen Landes an Jerusalem vorbeifahren wird. Entsprechend hoch sind die Preise. Bis zum Ausbruch der Intifada war es zudem schwer, ohne Reservierung freie Hotelzimmer in der Stadt zu finden. Das hat sich in den letzten Jahren geändert. Besonders die großen Häuser der US-amerikanischen Hotelketten spüren den Rückgang der Touristen. Auch die meisten in Ost-Jerusalem gelegenen Hotels sind nicht ausgebucht. Trotzdem sind die Preise relativ hoch geblieben und sie steigen dessen ungeachtet saisonal in den Sommermonaten, um Weihnachten und zu Ostern. Immer sind zu den an der Rezeption und in den Zimmern ausgeschriebenen Preisen zehn Prozent Bedienung und – falls man in NIS bezahlt – 18 Prozent Mehrwertsteuer (V. A. T.) zu addieren.

HOTELS PREISGRUPPE A

(für Anspruchsvolle ab 120 US$ pro Doppelzimmer)

Jerusalem Hilton
Luxuriöser Hotelturm im Westen der Stadt nahe der Knesset; erwartungsgemäß hoher standardisierter Komfort; 397 Zi. (Außerhalb A4) *Givat Rani, Tel. 58 14 14, Busse 9, 24, 28*

Oben auf dem Ölberg: Das Hotel Seven Arches

Moriah Plaza Jerusalem
★ Interessant abgestufte Hotelanlage in schöner Umgebung unweit der Altstadt im Stadtteil Yemin Moshe; großzügig angelegt (nach der Erweiterung) und sehr gut ausgestattete Räume; 292 Zi. (C 5) *Keren Hayesod Street 39, Tel. 23 22 32, Bus 14*

Jerusalem Renaissance
Anonyme Übernachtungskaserne im Westen Jerusalems (neben dem Hotel Sonesta in der Nähe der Knesset) mit vielen Annehmlichkeiten und gutem Service; 625 Zi. (Außerhalb A 3) *Wolfson Street 6, Tel. 51 18 24, Busse 9, 24, 28*

Seven Arches
★ Das bekannte Hotel mit sieben Rundbögen an der Frontseite, auf der Spitze des Ölbergs gelegen mit der von Postkarten bekannten Sicht auf die Altstadt und den Felsendom, hat oft seine Besitzer (z. B. Jordanischer König, Fluggesellschaft PanAm) gewechselt, aber dabei weder seine orientalische Atmosphäre noch seinen gediegenen Komfort eingebüßt; 196 Zi. (F 5) *Mount of Olives, Tel. 89 44 55*

Sonesta
Ruhige Lage im Westen der Stadt in der Nähe der Knesset,

MARCO POLO TIPS FÜR HOTELS

1 Moriah Plaza
Kultivierte Hotelanlage unweit der Altstadt (Seite 69)

2 Notre Dame of Jerusalem Center
Anspruchsvolle Beherbergungsstätte; im Besitz des Vatikans nicht nur für Pilger (Seite 75)

3 Commodore
Kleines freundliches Hotel an den Hängen des Ölbergs (Seite 70)

4 YMCA
Ein gediegenes Haus in bevorzugter Lage, schon lange nicht mehr nur für christliche junge Männer (Seite 70)

5 Mitzpeh Rachel
Wohnen im Kibbuz am Stadtrand von Jerusalem (Seite 70)

6 Jugendherbergen der lutherischen Kirche
Eine preiswerte Möglichkeit, nicht nur für Jugendliche, mitten in der Altstadt (Seite 74)

7 Seven Arches
Die Aussicht auf Jerusalem ist allein schon den Preis wert (Seite 69)

8 Österreichisches Hospiz
Moderne Bleibe in altem Gemäuer direkt an der Via Dolorosa (Seite 75)

9 Ron
Treffpunkt als Schlafplatz, laut, immer voll, aber trotzdem beliebt (Seite 71)

10 Mount Zion
Neues Hotel in historischer Umgebung mit orientalischem Flair (Seite 70)

großzügig eingerichtete Zimmer, viel einheimisches Publikum; 172 Zi. (Außerhalb A 3) *Wolfson Street 2, Tel. 52 82 21, Busse 9, 24, 28*

HOTELS PREISGRUPPE B

(für mittlere Ansprüche, 70 bis 120 US$ pro Doppelzimmer)

Ariel
Architektonisch auffallendes Gebäude im Stadtteil Abu Tor, günstige Lage zur Altstadt; freundliche Zimmer, gute Ausstattung, aufmerksames Personal; 126 Zi. (C/D 6) *Hebron Road 31, Tel. 71 92 22, Busse 5, 6, 7, 8, 21*

Holyland
Bekanntes und beliebtes Hotel weit außerhalb im Westen der Stadt, große freundliche Zimmer mit nicht mehr ganz neuer Einrichtung. Im Garten steht das 10 x 10 m maßstabgetreu nachgebaute Jerusalem zur Zeit Christi; 113 Zi. (Außerhalb A 6) *Bayit Vegan, Tel. 43 77 77, Busse 21, 66*

King's
Von außen ein großer Hotelkasten in günstiger Lage der Neustadt, aber innen ansprechend und großzügig; gute Ausstattung der Räume, aufmerksamer Service. 187 Zi. (B 4) *King George St. 60, Tel. 24 71 33, Bus 8, 9, 14, 17*

Mitzpeh Ramat Rachel
★ Hotel im Kibbuz, großzügige, ruhige Anlage mit Schwimmbad und Tennisplätzen im Süden der Stadt, freundliche Räume, moderne Ausstattung; 80 Zi. (Außerhalb D 6) *Kibbuz Ramat Rachel, Tel. 02-70 25 55, Bus nach Bethlehem*

Mount Zion
★ Südlich der Altstadt in der Nähe der Cinemateque mit Blick auf den Zionsberg und die Altstadt; orientalisches Ambiente mit modernem Komfort in allen Zimmern (eröffnet 1986); 130 Zi. (C/D 6) *Hebron Road 17, Tel. 72 42 22, Busse 5, 6, 7, 8, 21, 38*

Windmill
In feiner Lage und unweit der Altstadt, achtstöckiger Hochbau mit angenehmen Komfortzimmern; 133 Zimmer (C 5/6) *Mendele St. 3, Tel. 66 31 11, Bus 15, 15 a*

YMCA – Three Arches
★ Genau gegenüber dem King David-Hotel gelegen, ist das von Arthur L. Harmon (Architekt des Empire State Building in New York) gebaute Haus mit einem 50 m hohen Turm das Wahrzeichen des Jerusalems der dreißiger Jahre; ursprünglich nur »christlichen jungen Männern« vorbehalten, ist es heute ein ruhiges, großzügiges, sauberes Hotel mit schönen Zimmern und zugleich Kultur- und Begegnungszentrum; 66 Zi. (C 5) *King David Street 26, Tel. 25 71 11, Busse 5, 6, 15, 18, 21*

HOTELS PREISGRUPPE C

(für einfache Ansprüche, 30 bis 50 US$ pro Doppelzimmer)

Commodore
★ Nordöstlich der Altstadt am Ölberg; kleine saubere Räume, freundliches palästinensisches Personal; 45 Zi. (F 3) *Samuell Ben Adiya Street, Tel. 28 47 01, Bus 23*

Holy Land Hotel (East)
Dreistöckiges Haus mit freundlicher Empfangshalle in Ost-Jeru-

Das beste der Stadt: King-David-Hotel

salem (auch als Holyland East bekannt), in unmittelbarer Nähe der Altstadt (Herodestor), einfache Einrichtung, große Räume; 105 Zi. (E3) *Rashid Street 6, Tel. 27 28 88, Busse 23, 23 a, 27*

New Imperial
Arabisches Hotel direkt am Eingang zur Altstadt, wegen Lage und Atmosphäre beliebt bei Rucksack-Touristen; große Räume, guter Service, sehr einfache Ausstattung; 50 Zi. (D5) *Jaffator, Tel. 28 22 61, Busse 1, 3, 13, 19, 20*

New Metropol
Einfaches, arabisches Hotel innerhalb der Altstadt; große Räume, guter Service; 25 Zi. (E3) *Salah el Din Street 8, Tel. 28 38 46, Busse 23, 23 a, 27*

Mount of Olives
Arabisches Hotel an den westlichen Hängen des Mount Scopus gegenüber dem Ölberg; freundliches Haus, gute Ausstattung, sehr guter Service; 63 Zi. (F4) *Mount of Olives Road, Tel. 28 48 77, Bus 23*

Ritz
Vierstöckiger Kalksteinbau mitten im arabischen Ost-Jerusalem (zur Altstadt 10 min.); großzügige Räume mit alten Möbeln, orientalisches Flair; 103 Zi. (E3) *Ibn Khaldoun Street 8, Tel. 27 32 33, Busse 23, 23 a*

Rivoli
Kleines arabisches Hotel über einer Ladengalerie direkt gegenüber der Altstadt (Herodestor); dunkle, aber große Räume; 31 Zi. (E4) *Salah Eddin Street 3, Tel. 28 48 71, Busse 1, 23, 27*

Ron
★ Kleines Hotel in der Nähe des Zion Square; viel besucht, obwohl in den Räumen wenig Komfort; 22 Zi. (C4) *Jaffa Street 44, Tel. 22 34 71, Busse 3, 5, 6, 11, 13, 15, 18*

Luxushotels in Jerusalem

American Colony
Pascha Rabbah Daoud Amin Effendi al Husseini baute 1840 für sich und seine vier Frauen einen Palast außerhalb der ummauerten Altstadt an der Straße nach Nablus; er starb kinderlos und des Paschas Palast verwaiste. Um die Jahrhundertwende erwarb ihn eine amerikanische Emigrantenfamilie aus Chicago. Ihren Enkeln gehört dieser Zauber orientalischer Wohnkultur noch heute. In der Lounge des »Colony« verabreden sich gerne europäische Journalisten. Rattansessel mit bunten Kissen, schwere Orientteppiche, ein Springbrunnen und kleine geschmiedete Kaffeetische sorgen für eine elegante und zugleich familiäre Atmosphäre bei ihren Gesprächen mit palästinensischen Kollegen. Alle Zimmer sind riesig, jedes individuell und teuer eingerichtet; orientalische Fenster ermöglichen die Sicht auf Orangen- und Zitronenbäume im herrlich grünen Innenhof; die meisten Zimmer haben eine eigene kleine Terrasse. Das Colony liegt an historisch bedeutender Stelle. Wenn's um die Eroberung Jerusalems ging, marschierten Engländer, Araber und Israelis immer direkt unter seinem Fenster vorbei. Am 9. Dezember 1917 wurde hier sogar »Geschichte« geschrieben: Als General Allenby anrückte, heftete der türkische Bürgermeister Jerusalems im Colony ein Bettuch des Hauses an eine Stange und signalisierte die Kapitulation der Stadt.

Das Colony (so nennen es die häufig wiederkehrenden Gäste) lag 1948 im Kampfgebiet zwischen Israelis und Arabern; damals diente die Lobby als Lazarett. 1967 wurde wieder in seiner unmittelbaren Nähe gekämpft und mehrere Granaten schlugen in seine Fassade ein. Zeitzeugen berichten, daß das Personal damals beherrscht, ruhig und sehr höflich die im Colony wohnenden Kriegsberichterstatter weiter bedient hätte. Der türkische Palast mit wunderschönem Innenhof, in amerikanischem Besitz unter Schweizer Management und mit palästinensischem Personal hat 96 Zimmer; Luxussuiten gibt es nicht. Ab 150,– US$, ohne Saisonzuschläge. (D 2)
Nablus Road, Tel. 28 51 71, Bus 23

Hyatt Regency
Ein gewaltiger Prachtbau im Besitz der renommierten internationalen Hotelkette, eine der größten Hotelanlagen Jerusalems und zugleich des Nahen Ostens; abseits am Mount Scopus gelegen, hoteleigener Shuttle-Service zur Altstadt; mächtige Atriumhalle, großzügige Lobby, abgestimmtes Dekor in den labyrinthisch verschachtelten Seitenflügeln. Nur selten ist das Hotel aus-

gebucht. Auch wenn man hier nicht wohnen will, anschauen sollte man sich diese prachtvolle Fehlkalkulation; 503 Zimmer ab 160,– US$, mit Altstadtblick ab 175,– US$, Suitenab 250,– US$. (E 1) *Lehi Street 32, Tel. 33 12 34, Bus 23*

King David Hotel
Bei seiner Eröffnung im Januar 1931 war das King David das modernste Hotel im Nahen Osten und das teuerste zugleich. Als erster Deutscher trug sich »Wilhelm von Opel Car Manufacturer, Germany« 1932 ins Gästebuch ein. Ihm folgten im Laufe der Jahre die Namen fast aller Prominenten der Welt aus Politik, Wirtschaft und Kultur. Kennedy und Carter logierten hier ebenso wie Liz Taylor und Richard Burton, man trifft Fernsehstars und Weltenbummler. Adenauer wohnte hier 1966 und Rita Süßmuth im Juni 1990 aus Anlaß ihres Israel-Besuchs. Heute ist das King David nur noch das beste, komfortabelste und teuerste Hotel in Israel, aber zugleich auch das geschichtsträchtigste. Am 22. Juli 1946 sprengte die jüdische Terrororganisation Irgun unter Leitung des jungen Menachem Begin den Südflügel des Hotels, weil er der britischen Mandatsverwaltung als Hauptquartier diente und diese die Einwanderung von Juden nach Palästina blockierte; 91 Menschen starben in den Trümmern. Vierzig Jahre später, am 19. November 1977, empfing derselbe Menachem Begin als Ministerpräsident im King David den ägyptischen Präsidenten Anwar al Sadat; dem Treffen in der Präsidenten-Suite 622 folgte zwei Jahre später der Vertrag von Camp David, in dem Israel und Ägypten nach dem Yom Kippur-Krieg wieder Frieden schlossen.

Von außen gleicht das King David einer palastartigen Festung. Statt eines prächtigen Portaleingangs drei bescheidene Türen; erst im Inneren des Hauses spürt man die elegante Großzügigkeit. Wer die eindrucksvolle Empfangshalle durchschreitet, tritt auf die weite Terrasse; der Blick hinüber zur Altstadt ist Teil der Faszination dieses Hauses; 257 Zimmer, 225 US$ für das einfache zur Straßenseite, 275 US$ mit Blick zur Altstadt, 350 US$ für eine Junior-Suite, 700 US$ für die Luxus-Suite 329 und 1000 US$ für die Royal-Suite 522 mit eigenem Whirlpool. (C 5) *King David Street 23, Tel. 25 11 11, Busse 5, 6, 18, 21*

Laromme
In Sichtweite des Zionberges und der Altstadt, in ruhiger Lage unweit der Montefiore Windmühle sind die abgestuft um einen herrlichen Innenhof gruppierten Wohntrakts eine wirkliche Oase. Sehr guter Service und aufwendige Ausstattung sind selbstverständlich, viele europäische ältere Stammgäste. Ab 170 US$; 302 Zi. (C 6) *Jabotinsky Street 3, Tel. 75 66 66, Busse 15, 15 a*

YWCA

Ursprünglich das Pendant für Frauen zum YMCA, aber heute ein nettes Hotel im Norden der Altstadt mit dem Beinamen Aelia Capitolina; freundliche Räume, ältere Ausstattung, nette Leute; 30 Zi. (D 2) *Nablus Road 29, Tel. 28 25 93, Busse 23, 23 a*

FÜR JUNGE LEUTE

In Jerusalem und Umgebung gibt es zur Zeit zehn Jugendherbergen (JH), die der »Israel Youth Hostel Association« unterstehen, die ihrerseits dem Internationalen JH-Verband angegliedert ist. Viele private und christlich geführte Häuser nennen sich ebenfalls »Youth Hostel«. Alle JH's haben Gemeinschaftsschlafräume, in den Küchen ist Eigenbenutzung möglich, fürs Gepäck gibt es einen Spint. In den Sommermonaten ist schriftliche Reservierung angebracht. 12 bis 16 US$ pro Person und Nacht, bei Vorlage des JH-Ausweises 10 Prozent Ermäßigung.

Beit Bernstein

Viel besuchte JH in der Stadtmitte; mittelgroßes zweistöckiges Haus mit 80 Betten. (C 5) *Keren Hayesod Street 1, Tel. 25 82 86, Busse 7, 8, 9, 14, 31, 32*

Beit Shmuel

JH mit 40 Zimmern und viel Komfort. Schöner Blick auf die Altstadt, die bequem zu Fuß erreicht werden kann. (C 5) *King David Street 13, Tel. 20 34 66, Busse 5, 18, 21, 30, 31*

Jerusalem Forest

JH und Youth Recreation Centre jenseits des Mount Herzl am Stadtrand (ca. 10 km oder 30 min. Bus bis zur Altstadt); 150 Betten, unbedingt vorher schriftlich anmelden. (Außerhalb A 6) *PO Box 33 53, Jerusalem 91 032, Tel. 41 30 65, Bus 33*

JH der lutherischen Kirche

★ Im Gebäude des Evangelical Lutheran Hospice, noch schöner als dieses. Tagesraum in einem Kreuzfahrergewölbe, herrlicher Garten; 60 Betten. (Außerhalb A 6) *St. Mark's Road (Altstadt), Tel. 28 21 20*

King George Hostel

Zentral gelegene Herberge mit bescheidenem Komfort, 15 min. zu Fuß zur Altstadt. (B 5) *King George Street 15, Tel. 25 34 98, Busse 14, 17, 31, 32*

Louise Waterman-Wise

Große JH mit 300 Betten am Mount Herzl, in der Nähe der Yad-Vashem-Gedenkstätte. (Außerhalb A 6) *Ha Pisga Street 8, Tel. 42 33 66, Busse 18, 20, 24, 39*

Moreshet Yahadut

JH im Jüdischen Viertel der Altstadt, wegen günstiger Lage meist belegt. (D 5) *St. Mark's Road, Tel. 27 28 46, 28 86 11*

Old City Hostel

Direkt am Damaskustor, palästinensischer Besitzer, saubere Zimmer. (D 4) *Khan al Zeit Street, Tel. 28 35 87*

CHRISTLICHE HOSPIZE

Die ehemals nur Pilgern vorbehaltenen Unterkünfte verfügen meist nur über Drei-, Vier- oder Sechs-Bett- bzw. Gruppenzimmer. Heute stehen sie auch

Nicht-Pilgern offen. Schriftliche Anmeldung ist von Vorteil, da die preiswerten Betten schnell vergeben sind. Informationen über die ca. 20 christlichen Unterkünfte erhält man beim Pilgrim Department des Tourismusministeriums *(Hillel Street 23, Tel. 24 05 53)* in Jerusalem.

Ecce Homo
Die Schwestern des Klosters gleichen Namens in der Altstadt bieten alleinreisenden Mädchen und Frauen nette kleine Zimmer (20 Mark pro Person) an. (E 4) *Via Dolorosa, Tel. 28 24 45*

Evangelical Lutheran Hospice
Gästehaus des protestantischen Probstes in nicht zu übertreffender Lage mitten in der Altstadt. Rundherum geschichtsträchtige Gebäude, herrlicher Innenhof mit wunderschönem Garten. Das Haus verfügt über 20 Doppelzimmer (pro Person 48 Mark). In den alten Kreuzfahrergewölben des Kellers befindet sich die Jugendherberge. Voranmeldung sehr empfehlenswert. (D 5) *St. Mark's Road, Tel. 28 21 20*

Notre Dame of Jerusalem Center
★ Der Vatikan hat in die Renovierung seines Pilgerhauses aus dem vorigen Jahrhundert, das eine überdimensionale Marienstatue schmückt, viel Geld gesteckt. Lage, Ausstattung und Preis-Leistungsverhältnis suchen ihresgleichen in Jerusalem: moderne Doppelzimmer (35 Mark pro Person), gepflegte Restaurants und das nahe den Mauern der Altstadt. Zudem vertragen sich vatikankatholische Moral und weltlicher Geschäftssinn im Pilgerhotel sehr gut: Unverheiratete Paare bekommen selbstverständlich ein Doppelzimmer. (D 4) *Hativat Hatzanhanim Street (gegenüber der Altstadt am Neuen Tor), Tel. 28 97 23–5*

Österreichisches Hospiz
★ Erhöht gelegenes, traditionsreiches Haus mit Garten inmitten der Altstadt. Jeden Freitag führt hier die nachmittägliche Prozession der Franziskaner vorbei. Das Hospiz wurde vollkommen modernisiert (42 Mark pro Person). (E 4) *Via Dolorasa 37, gegenüber Station III, Tel. 28 65 45–7*

St. Charles Hospice
Das 1893 gegründete Borromäus-Pilgerhospiz mit herrlichem Garten liegt in der German Colony. Wer in einem der ca. 50 Betten des ruhigen Hauses übernachtet (Vollpension 35 Mark), erhält ein Pilgerzertifikat. (Außerhalb C/D 6) *Lloyd George Street 12, Tel. 63 77 37*

PRIVATZIMMER

Möblierte Wohnungen oder Einzelzimmer vermitteln:

Better Bayit
Ibn Ezra Street 19, Tel. 63 13 16

Friedman
HaPorzim Street 30, Tel. 66 69 43

Hometel
Ha Neviim Street 76, TEl. 24 68 80

Sheal
King George Street 21, Tel. 22 44 56

Im Anzeigenteil der Tageszeitung »Jerusalem Post« finden sich auch immer wieder vernünftige Angebote.

Jerusalem-Kalender

Drei Weltreligionen bestimmen die Feste und Feiertage der Stadt

Es vergeht keine Woche in Jerusalem, in der nicht Angehörige einer der drei großen Religionen eines ihrer frommen Feste feiern. Da sie diese Feiertage gemäß ihrer jeweils eigenen, voneinander abweichenden Kalender begehen, ändern sich von Jahr zu Jahr die Termine dieser Feste, abgesehen davon, daß die meisten Christen Weihnachten immer am 25. Dezember feiern. Aber auch bei ihnen ändern sich jedes Jahr die Daten, an denen die Osterfeierlichkeiten oder die Palmsonntag-Prozession vom Ölberg in die Altstadt Tausende von Gläubigen anziehen.

Nach dem jüdischen Kalender ist der wöchentliche Feiertag der Shabbat. Er beginnt mit dem Untergang der Sonne am Freitagabend und endet mit Sonnenuntergang am Samstag. »Gedenke des Shabbattages, daß Du ihn heiligst, sechs Tage sollst Du arbeiten und all deine Werke tun. Aber am siebten Tag ist der Shabbat des Herrn, Deines Gottes. Da sollst Du keine Arbeit tun«, ließ der Herr durch Mose verkünden (2. Mose 20). In den orthodoxen Vierteln der Stadt gilt dieses Ruhegebot absolut. Vor Sonnenuntergang am Freitag wird gekocht, geputzt, gebadet, sich festlich gekleidet, der Tisch gedeckt. Nach dem Besuch der Synagoge beginnt das Mahl, nach dem Gruß ›Shabbat Shalom‹ (Frieden für den Shabbat) werden Wein und Brot gesegnet, Gebete gesprochen und Lieder gesungen.

Für die moslemischen Palästinenser im Osten Jerusalems ist der Freitag der wöchentliche Feiertag. Auch diese feiertägliche Ruhe macht sich für die Besucher bemerkbar.

Da sich der islamische Kalender nach dem Mondzyklus richtet, verschieben sich die hohen moslemischen Feiertage (z.B. *Mawlid al Nabi* – der Geburtstag des Propheten Mohammed, *Id al Fitr* – das dreitägige Fest am Ende der Fastenzeit oder *Id al Adha* – das Opferfest nach Abschuß der Pilgerfahrt nach Mekka) und der Fastenmonat Ramadan von Jahr zu Jahr um etwa zehn Tage, das heißt sie »wandern« durch unser gregorianisches Jahr.

Der jüdische Kalender beginnt mit dem ersten biblischen Schöpfungstag vor zurück gerechnet 5753 Jahren (1992). Er basiert ebenfalls auf dem Mond-

Beim Bar-Mitsvah-Fest werden jüdische Jungen in die Gemeinschaft der Erwachsenen aufgenommen

MARCO POLO TIPS FÜR FESTIVALS

1 Israel Festival
Jährliches Musik-, Tanz- und Theaterfestival in Jerusalem (Seite 81)

2 Jerusalemer Kurzfilm-Tage
In der Cinematheque (Seite 81)

zyklus, aber durch die Einfügung von Schaltmonaten wird er dem Sonnenjahr angepaßt, so daß das jüdische Jahr immer im Herbst beginnt, die Termine der jüdischen Feiertage sich zwar ändern, aber immer in die gleiche Jahreszeit (hebr. *Teqfot*) fallen. Die vier Jahreszeiten *Nissan* (Beginn des Frühlings), *Tammuz (Beginn des Sommers), Thishri* (Beginn des Herbstes) und *Tevet* (Beginn des Winters) bestimmen die Monate. Sie heißen:
Tishri (Sept./Okt.), *Heshvan* (Okt./Nov.), *Kislev* (Nov./Dez.), *Tevet* (Dez./Jan.), *Shevat* (Jan./Febr.), *Adar* (Febr./März), *Nissan* (März/April), *Iyyar* (April/Mai), *Sivan* (Mai/Juni), *Tammuz* (Juni/Juli), *Av* (Juli/Aug.), *Ellul* (Aug./Sept.)

Alle hohen jüdischen Festtage sind nationale Feiertage. Sie beginnen immer am Abend zuvor mit dem Sonnenuntergang. Wegen der Abweichungen des jüdischen vom gregorianischen Kalender lassen sich die exakten Daten der Feiertage immer nur für kurze Zeiträume im voraus berechnen.

JÜDISCHE FESTE

Rosh Hashanah
Am jüdischen Neujahrsfest, an dem der Schöpfung gedacht und in den Synagogen der *Shofar* (das gebogene Widderhorn) geblasen wird, essen fromme Juden abends einen Apfel mit Honig, Symbol für ein »süßes« kommendes Jahr. (6./7. Sept. 1994; 25./26. Sept. 1995)

Yom Kippur
Der »Tag der Versöhnung« ist der bedeutendste Feiertag der Juden (10. Tishri). Am Yom Kippur luden die Juden zu Zeiten, als der Tempel noch stand, ihre Sünden symbolisch auf einen Ziegenbock und trieben diesen aus der Stadt. Heute schlachten in dieser Tradition jüdische Familienväter ein weißes Huhn und schwenken es über die Köpfe der anderen Familienmitglieder. Fromme Juden legen an diesem Tag zudem ihre Sterbekleider an. Am Versöhnungstag ruht der gesamte Autoverkehr, Radio und Fernsehen strahlen keine Programme aus, in den Synagogen wird gefastet. Am Ende des Tages erschallt der Ruf »Höre Israel, der Herr, unser Gott, ist der einzige Gott.« (15. Sept. 1994; 4. Okt. 1995)

Sukkoth
Das Laubhüttenfest beginnt fünf Tage nach Yom Kippur. Es ist das erste der drei Wallfahrtsfeste, an dem die Israeliten des ganzen Landes zum Jerusalemer Tempel pilgern. Zugleich ist es das biblische Erntedankfest am Beginn

der Regenzeit und dauert sieben Tage. In Erinnerung an die Wüstenwanderung der Kinder Israels wohnen fromme Juden auch heute während dieser Woche in Hütten, die sie sich in ihren Vorgärten oder auf ihren Balkons aus Zweigen und Ästen errichten. Denn ihrer Meinung nach gilt die Aufforderung Gottes »sieben Tage lang sollt ihr in Laubhütten wohnen ... So sollen eure Nachkommen erfahren, daß ich die Kinder Israels in Hütten habe wohnen lassen, als ich sie aus dem Land Ägypten herausführte (3. Mose 23,42) nach wie vor. Der erste und der letzte Tag sind offizielle Feiertage. (20.–27. Sept. 1994; 9.–16. Okt. 1995)

Hanukkah
Am 25. Kislev beginnt das einwöchige Lichterfest in Erinnerung an die Reinigung und Wiedereinweihung des Zweiten Tempels in Jerusalem im Jahr 165 v. Chr. Die Griechen unter ihrem König Antiochus hatten den Tempel durch ihre Kulte entweiht. Nachdem die jüdischen Makabäer sie erfolgreich vertrieben hatten, begann die Wiedereinweihung (Hanukka). Jedes Jahr werden in dieser Woche die neunarmigen Hanukka-Leuchter (und zwar jeden Tag eine Kerze mehr) angezündet; auch in und auf öffentlichen Gebäuden brennen an diesen Tagen die Hanukka-Leuchter. (28. Nov. 1994; 18. Dez. 1995)

Purim
Ein Freudenfest. Vom 13. bis 15. Adar gedenkt man des Pogroms, vor dem Königin Esther die Juden im 6. Jh. v. Chr. bewahrte und feiert die Rückkehr aus der Babylonischen Gefangenschaft mit Umzügen, Verkleidung und üppigen Mahlzeiten. Die abendlichen Purim-Bälle sind gesellschaftliche Höhepunkte (25. Febr. 1994; 16. März 1995)

Pessach (Passah)
Das einwöchige Fest (14.–21. Nissan) zur Erinnerung an den Auszug aus Ägypten wird als Familienfest begangen. In der Nacht vom 14. auf den 15. feiern in aller Welt jüdische Familien das *Seder* (Abendessen), an dem selbstgemachtes ungesäuertes Brot (Matze) gereicht wird. Denn aus Ägypten mußten die Israeliten damals so überstürzt aufbrechen, daß ihr Brot nicht zu Ende gären konnte; an Pessach gibt es in den Läden Jerusalems kein Brot zu kaufen. Pessach ist das zweite Wallfahrtsfest im jüdischen Jahr. (27. März–3. April 1994; 15.–21. April 1995)

Yom Hashoa
Israel gedenkt an diesem Tag (27. Nissan) der Toten des Holocaust; der Tag ist kein offizieller Feiertag in Israel, aber in Jerusalem wird das ganze öffentliche Leben an diesem Tag von Trauer- und Gedenkfeiern bestimmt. (9. Mai 1994; 28. Mai 1995)

Yom Haatzmaut
Der Unabhängigkeitstag, an dem am 14. Mai 1948 – nach dem hebräischen Kalender am 5. Iyyar 5708 – die Unabhängigkeit des Staates Israel ausgerufen wurde. (14. April 1994; 4. Mai 1995)

Shavout
Sieben Wochen nach Pessach (6. Sivan) gedenken Juden des Ta-

ges, an dem Gott im Sinai den Kindern Israels die Zehn Gebote gab; es ist das dritte und letzte der jüdischen Wallfahrtsfeste. An Shavout werden die Synagogen mit Blumen und Pflanzen geschmückt und vegetarisches Essen in Erinnerung an das verheißene Land, in dem Milch und Honig fließt, bevorzugt. (16. Mai 1994; 4. Juni 1995)

CHRISTLICHE FESTE

Bethlehem ist der Ort der großen Feierlichkeiten des Weihnachtsfestes, Jerusalem der der Osterwoche.

Immer wieder taucht die Frage auf, warum die orthodoxen Kirchen Ostern zu einem anderen Zeitpunkt feiern als die anderen christlichen Glaubensgemeinschaften. Dazu ist ein Blick in die Geschichte der Kalenderrechnung nötig. 46 v. Chr. glich Julius Cäsar den Kalender der ägyptischen Sonnenjahresregelung (1 Jahr = 365 Tage) an. Diese Julianische Kalenderreform (1 Jahr = 365,25 Tage) wurde 1582 von Papst Gregor dem VIII. leicht modifiziert (1 Jahr = 365,2425 Tage) weil nach 1600 Jahren das Julianische Jahr bereits zehn Tage länger war als das reale Sonnenjahr. Um sicherzustellen, daß das errechnete Jahr und somit der Kalender möglichst präzise dem realen Sonnenjahr entsprach, ließ Papst Gregor in vier Jahrhunderten dreimal den Schalttag in seiner Kalenderreform weg. Erst nach

Aus Marokko eingewanderte Juden feiern ein Fest

3000 Jahren ist jetzt das gregorianische Jahr länger als das wirkliche Sonnenjahr.

Die Wurzeln des Osterfestes gehen unzweifelhaft auf das jüdische Passahfest zurück. Das Abendmahl, das Jesus mit seinen Jüngern feierte, war das traditionelle Mahl an Passah. Vor diesem Hintergrund wurde auf dem Konzil von Nicäa 325 festgelegt, daß Ostern immer nach dem Passahfest liegen und der Frühling von nun an immer am 21. März beginnen sollte. Ostern wurde seitdem am ersten Sonntag, der dem ersten Vollmond nach dem Frühlingsanfang folgte, gefeiert. Die Gregorianische Kalenderreform wurde bald von den katholischen Kirchen, später auch von den evangelischen übernommen. Aber obwohl der Anfang des Frühlings nach dem Julianischen Kalender im Laufe der Jahrhunderte von der realen Tagundnachtgleiche abweicht, halten die orthodoxen Kirchen am alten Kalender fest. Heute weichen die beiden Kalender bereits 13 Tage voneinander ab. Das ist der Hauptgrund, weshalb sich die Ostertermine der östlichen und westlichen Kirchen voneinander unterscheiden. Hinzu kommt noch die jüdische Kalenderorientierung am Mondjahr, die Anpassungen an das Sonnenjahr des Gregorianischen Kalenders erforderlich macht und deshalb keinen festen Bezugspunkt zum Passahfest erlaubt.

Am weitesten ist man mit der Angleichung in Jordanien. Dort feiern auf Anweisung der islamischen Regierung alle Christen das Osterfest nach dem Julianischen Kalender und Weihnachten nach dem Gregorianischen am 25. Dezember.

FESTSPIELE UND FESTIVALS

Einmal in der Woche erscheint »This week in Jerusalem«, eine ansprechende, umfangreiche Broschüre der Jerusalem Hotel Association, die über alle Kultur-, Sport- und Unterhaltungsereignisse in Jerusalem ausführlich informiert. Sie konkurriert mit »Your Jerusalem«, einer monatlich erscheinenden, genauso umfangreichen Broschüre mit großem Anzeigenteil. Beide sind kostenlos erhältlich.

Israel Festival

★ ✪ Jerusalem ist der zentrale Veranstaltungsort für das größte Kulturereignis im Land: Drei Wochen lang gastieren im Mai und Juni jeden Jahres ausländische Theater-, Kabarett- und Musikgruppen. Außerdem stellen sich bedeutende in- und ausländische Ballett- und Tanzgruppen vor. Das Programmheft erscheint immer im Februar *(Informationen: Tel. 02–66 31 07–8)*.

Internationales Film-Festival

In der Cinematheque findet jedes Jahr im Juni ein Filmwettbewerb statt, an dem Produktionen aus vielen Ländern vorgestellt werden. Parallel dazu laufen die ★ Israelischen-Kurzfilmtage *(Informationen: Tel. 02–27 41 31)*.

Purim-Spiele

Das Touristenministerium ist der Schirmherr der Shushav Purim, komödiantische Aufführungen in den Vorhallen der großen Jerusalemer Hotels im Monat März.

Am Abend gehen wir aus

In der Heiligen Stadt muß man sich am Abend nicht langweilen

Teddy Kollek, Jerusalems Bürgermeister, preist im regelmäßig erscheinenden Veranstaltungskalender die Stadt als »Ort der Künste, der Musik, des Theaters und des Films«, was auf ein vielversprechendes Abendprogramm schließen läßt. Tatsächlich ist Jerusalem im Begriff, sein – was das Nachtleben betrifft – im wahrsten Sinne des Wortes verschlafenes Image abzulegen, auch wenn das auf den erbitterten Widerstand z. B. der Bewohner von Mea Shearim stößt.

Das spektakulärste Ereignis der Kunstszene ist das jährlich stattfindende dreiwöchige »Israel Festival« im Mai/Juni, das zahlreiche Spielorte und Parks in der ganzen Stadt einbezieht. Dann kann man abends viele internationale Stars und große Theatergruppen auftreten sehen.

Aber auch in den anderen Monaten des Jahres muß man abends nicht zu Hause bleiben. Die Wochenendausgabe der Tageszeitung »Jerusalem Post«, das wöchentliche Magazin »This Week in Jerusalem« der Jerusalemer Hoteliers, und das vom Tourismusministerium herausgegebene Faltblatt »Jerusalem Region Events«, das monatlich neu aufgelegt wird, geben ausführlich Auskunft über aktuelle Veranstaltungen in der Stadt.

Die Israelis besuchen gerne kulturelle Veranstaltungen, bevorzugt Theater- und Konzertaufführungen. Dies kann aber nicht oberflächlich als Versuch gedeutet werden, der Realität des Alltags für kurze Zeit zu entfliehen. Gerade das israelische Theater ist immer auch politisches Theater. Mit seinen heftig umstrittenen Inszenierungen, die auch in der Bundesrepublik gezeigt werden, ist Joshua Sobol wohl der bekannteste dieser Künstler. Als in Jerusalem seine Stücke »Die Palästinenserin« und »Das Jerusalem Syndrom« zum ersten Mal aufgeführt wurden, kam es zu Tumulten und tagelangen Demonstrationen in der Stadt. Aber das Theater war immer ausverkauft.

Als Kultur-, Begegnungszentrum und Hotel gleichermaßen beliebt: das YMCA

Oft ausverkauft sind auch die Veranstaltungen des Theaterklubs Tzavta. Diese Tzavta-Klubs gibt es schon seit vielen Jahren in mehreren Orten Israels, in Jerusalem existiert der Klub seit Anfang der siebziger Jahre. Er gehört zur Alternativszene und bietet progressives sowie experimentelles Theater. Aber auch vor Aufführungen von Western und Darbietungen von klassischer Musik scheuen sich die Akteure dieses kleinen Zimmertheaters nicht, denn es dient jungen Künstlern, die an großen Bühnen noch nicht auftreten konnten, als Sprungbrett. Der Klub wird unterstützt vom linken Flügel der Arbeiterpartei und der Gewerkschaft. Wer in Jerusalem gerne ins Kino gehen möchte, erlebt alle Filme stets in Originalfassung, auf Synchronisation wird generell verzichtet. Dafür versperren Untertitel in hebräischer und arabischer – und bei Produktionen, die nicht aus den USA oder Großbritannien kommen noch in englischer – Sprache das Bild.

Ab und zu gastiert in Jerusalem auch das Israelische Philharmonische Orchester aus Tel Aviv – für diejenigen, die das Jerusalemer Symphonie-Orchester schon zu oft gehört haben. Für Musik, insbesondere geistliche Musik, stellen auch die Kirchen (z. B. die protestantische Erlöserkirche in der Altstadt oder die Dormitio-Abtei auf dem Zionsberg) ihre Räumlichkeiten zur Verfügung. Im Sommer kommen auch die Freunde von Popkonzerten auf ihre Kosten. Auf dem Feld vor dem Damaskustor ★ (Bastot) spielen arabische Bands bis zum frühen Morgen unter freiem Himmel.

Viele Besucher bevorzugen es, nach einem Besichtigungstag abends, in einem Straßencafé, z. B. auf der Ben Yehuda zu sitzen und geraten ins Staunen, wieviele andere dies noch tun.

MARCO POLO TIPS FÜR DEN ABEND

1. **Bastot**
Arabische Rockmusik unter freiem Himmel, leider nur im Sommer (Seite 84)

2. **Khan Club**
Israelische und palästinensische Folklore vom besten in einer ehemaligen arabischen Karawanserei (Seite 85)

3. **Tzavta**
Kleines Zimmertheater, in dem auch klassische Musik und Folklore geboten wird (Seite 85)

4. **Sherover**
Das feine, große Theater der Stadt; an Premieren Treffpunkt der Jerusalemer High Society (Seite 83)

5. **Eden**
Weil man einfach auch einmal in einem Jerusalemer Kino gewesen sein sollte (Seite 85)

6. **I. C. C. Y.**
Wer Spaß an alten jiddischen Liedern hat (Seite 86)

THEATER

In den Jersalemer Theatern wird in *Ivrit* – dem modernen Hebräisch – gespielt. Nur bei (den seltenen) Aufführungen ausländischer Ensembles ist deren Landessprache üblich.

Jerusalem Sherover Theater

★ Dies ist das größte und bedeutendste Theater der Stadt, auf dessen Bühne klassische und moderne Stücke und die großen Premieren und Gastspiele aufgeführt werden. Hier gastiert auch manchmal das Jerusalemer Symphonie-Orchester. Jedes Frühjahr wird in diesem Theater in Anwesenheit des israelischen Staatspräsidenten der größte Harfen-Wettbewerb der Welt eröffnet. (B 6) *David Marcus Street 20, Tel. 66 71 67, Bus 4*

Khan Centre

★ Das Theater war ursprünglich ein Gasthof für Reisende, die nach Sonnenuntergang vor den verschlossenen Toren außerhalb der Stadtmauer Jerusalems übernachten mußten. In den Räumen dieser ehemaligen Karawanserei, am alten Jerusalemer Bahnhof, wird regelmäßig israelische und palästinensische Folklore aufgeführt. Immer wenn im Khan hebräische Theaterstücke aufgeführt werden, kann man sich Kopfhörer ausleihen, über die die Texte von Simultanübersetzern ins Englische und Russische übertragen werden. Das angeschlossene Restaurant ist ein beliebter Treffpunkt; zum Khan Centre gehören noch ein Café und ein Nachtklub. (C 6) *David Remez Street, Tel. 71 82 81, Busse 6, 7, 8, 30*

Theaterklub Tzavta

★ Kleines Zimmertheater mit 80 Plätzen; öfter englischsprachige Stücke und Musikdarbietungen. Regelmäßig Folklore aus Lateinamerika, meist in Verbindung mit einem Fest als Peña; am Samstag Vormittag (Shabbat!) klassische Musik bei freiem Eintritt. Kleidung wird hier sehr leger gehandhabt, wer im Anzug kommt fällt auf, Frauen ohne Begleitung sind eine Selbstverständlichkeit. Der Theaterklub liegt hinter einem großen Parkplatz an der Straße gegenüber vom Independence Park. (B 4) *King George Street 38, Tel. 25 76 21, Busse 4, 7, 8, 9, 10, 16, 17*

KINOS

Cinematheque

Experimentier- und Programmkino; regelmäßige Wiederholungen klassischer Kultfilme, »Casablanca« wird mindestens einmal im Monat gespielt; Vorführungen von preisgekrönten Filmen ausländischer Festivals. In der Cinematheque findet auch das jährliche Festival und die Kurzfilmtage statt. (C–D 6) *Hebron Street, Tel. 72 41 31, Busse 5, 6, 7, 21, 30*

Eden

★ Das größte Kino Jerusalems liegt direkt an der Grenze zum frommen Stadtteil Mea Shearim. Wenn es mal allzu irdisch auf der Leinwand zugeht, versuchen die gesetzestreuen Männer oft den Kinobesuchern die kleinen weltlichen Freuden durch Demonstrationen und häßliche Beschimpfungen zu vergällen. (C 3) *Yeshayahn Street 14, Busse 13, 51*

MUSIK

Binyanei HaOoma

Im »Haus der Nationen«, dem größten Kongreß- und Tagungszentrum der Stadt, spielen die Philharmonischen Orchester von Tel Aviv und Jerusalem und alle großen Orchester, die Gastspiele in Jerusalem absolvieren. (A 6) *Gegenüber dem Zentralen Busbahnhof, Tel. 25 24 81, Bus 28*

International Cultural Center for Youth (I. C. C. Y.)

★ ☺ Israelische und arabische, aber auch ältere jiddische Volkstänze und die entsprechenden Volkslieder stehen öfter auf dem Programm dieser Begegnungsstätte in der German Colony. (Außerhalb C 6) *Emek Refaim Street 12, Tel. 66 41 44 und 63 09 00, Busse 4, 14, 18*

YMCA

Im Auditorium des Kulturzentrums im gleichnamigen Hotel werden häufig palästinensische Volksmusik gespielt und manchmal auch palästinensische Volkstänze vorgeführt. Da ins YMCA viele Mitglieder kommen, ist Reservierung angebracht. (C 5) *King David Street 26, Tel. 25 71 11, Busse 5, 6, 15, 21*

Zionist Confederation House

In den großen Räumen dieses restaurierten historischen Gebäudes finden abends häufig kulturelle Veranstaltungen, vor allem auch musikalische Darbietungen und Konzerte statt. Das breite Kulturprogramm des Hauses steht in der Tagespresse. (C 5) *Emile Botta Street (hinter dem King David Hotel), Tel. 24 52 06, Busse 5, 6, 15, 21*

Nach dem Theater bietet sich der Besuch eines Nachtrestaurants in der Innenstadt an

Von Auskunft bis Zoll

Kurzgefaßt und in alphabetischer Reihenfolge: Informationen, die einen Jerusalem-Aufenthalt erleichtern

AUSKUNFT VOR DER REISE

In Deutschland:
Staatliches Israelisches Verkehrsbüro
*Bettinastraße 62,
60325 Frankfurt/Main
Tel. 069/752084,
Fax 00496974 6249*

*Kurfürstendamm 202,
10719 Berlin
Tel. 030/8819685,
Fax 004930 8824083*

*Stollbergstr. 6,
80539 München
Tel. 089/2289568
Fax 004989 2289569*

In Österreich:
Offizielles Israelisches Verkehrsbüro
*Rossauer Lönde 41, 1090 Wien,
Tel. 0222/3108174,
Fax 0043153356 51*

In der Schweiz:
Offizielles Israelisches Verkehrsbüro
*Lintheschergasse 12, 8021 Zürich,
Tel. 01/2112344,
Fax 0122100 72*

AUSKUNFT IN JERUSALEM

Tourist Information Office
Im Israel Ministry of Industry, Trade and Tourism, King George Street 24, Tel. 241281–2, So–Do 8.30–17, Fr 8–14 Uhr

Zweigstelle
*Jaffa Gate
Tel. 282295–6, So–Do 8.30–17, Fr 9–12 Uhr*

Für Wanderungen:
Society for the Protection of Natur in Israel (SPNI)
*Heleni Hamalka Street 13,
Tel. 222357*

AUTO

Leihwagen sollte man nur für größere Ausflüge in die Umgebung anmieten, denn in Jerusalem herrschen Parkplatzprobleme. Parken ist nur an blauweißen Bordsteinen erlaubt, ein striktes Verbot gilt an rot-weißen. Die Mißachtung der Verkehrsregeln führt zu empfindlichen Geldstrafen. Das Mindestalter für das Anmieten eines Leihwagens liegt bei 21 Jahren, ein nationaler, 12 Monate alter Führerschein ist ausreichend.

Die Preise der Verleihfirmen – alle internationalen Unternehmen haben Niederlassungen in der King David Street – sind unterschiedlich; sie schwanken zwischen 60 und 100 US$ pro Tag plus Kilometergeld und Versicherungen; Benzin kostet ca. DM 1.30 pro Liter. Es bestehen Anschnallpflicht und Tempolimits (50 km/h in Ortschaften, 80 km/h auf Landstraßen, 90 km/h auf Autobahnen). Straßen- und Hinweisschilder sind außerhalb der Städte meist dreisprachig (Hebräisch, Arabisch, Englisch).

Bei Pannen hilft Ihnen der israelische Automobilclub MEMSI (Automobile and Touring Club of Israel) weiter.
Zentrale: *Tel Aviv, Lincoln Street 18, Tel. 03/5 61 37 60*
Zweigstelle Jerusalem: *33 Jaffa Road, Tel. 24 48 28*

BEGEGNUNG MIT ISRAELIS

Wünscht man als ausländischer Besucher vielleicht privaten Kontakt mit Israelis, hilft das staatliche Programm »Meet the Isareli in his home«. Dieses Angebot läuft über das Tourist Information Office, das bei rechtzeitiger Anmeldung einen Abend bei einer israelischen Gastfamilie vermittelt.

Wer mit Israelis in der Umgebung von Jerusalem gemeinsam wandern möchte, kann sich an Wochenenden den von den israelischen Naturfreunden organisierten Wanderungen anschließen.
Society for the protection of Nature in Israel (SPNI)
Heleni Hamalka St. 13, Jerusalem, Tel. 22 23 57, 24 46 05

›Dig for a day‹ ermöglicht Besuchern über die Besichtigung von historischen Ausgrabungen hinaus, persönlich unter fachkundiger Aufsicht an archäologischen Freilegungsarbeiten teilzunehmen. In Jerusalem konzentrieren sich diese Arbeitsprogramme derzeit auf das Herodes-Viertel im jüdischen Teil der Altstadt. Arbeitskleidung und Getränke werden gestellt; Informationen erhalten Sie über das Tourist Information Office.

BUSSE

Jerusalem hat ein sehr gut funktionierendes Bussystem (Fahrpreis: 2.40 NIS). Informationen über Routen und Linien an der Central Bus Station (Jaffa Road 224) oder im Tourist Information Office. Von Freitagnachmittag bis Samstagabend ruht der Verkehr. Von der Central Bus Station fahren auch die Überlandbusse ab. Im besetzten Ostjerusalem gibt es einen arabischen Busbahnhof (Nablus Road, nahe dem Damaskustor), von dem arabische Busse in Orte und Städte der West Bank fahren.

Bus 99, die »Jerusalem Circular Line«, startet immer zur vollen Stunde am Jaffator; So–Do 10–12 und 14–16 Uhr, Fr und an Feiertagen 10–14 Uhr

CHRISTLICHE INSTITUTIONEN

Aktion Sühnezeichen/ Friedensdienste

Jugendbegegnungsstätte PAX-Beth Elieser Ben Yehuda im Stadtteil Talpiot, En Gedi Street 28, Tel. 71 15 87

Evangelische Einrichtungen
Die Leitung der evangelisch-lutherischen Kirche in Jordanien (ELCJ) obliegt dem Propst in Jerusalem; er ist zugleich Pfarrer der »Deutschsprachigen ev. Gemeinde«. *Evangelisch-Lutherische Propstei, P.OB. 14076, Jerusalem, Tel. 282543*

Evangelische Marienschwestern am Jerusalemer-Ölberg, Begegnungsstätte für Touristen, Gläubige und Pilger, P.O.B. 19518, Tel. 284719

Katholische Einrichtungen
Dormition Abbey – Abtei Maria Heimgang, Berg Zion, Jerusalem, P.O.B. 22, Tel. 719927
Seelsorge für deutschsprachige Katholiken
Pfarrer Johannes A. Düsing, Schmidt-Schule, Nablus Road (gegenüber Damaskustor), Tel. 283280
Christliche Führungen
Wolfgang E. Pax, Franziskaner, Via Dolorosa, Kreuzwegstation II, Tel. 282936

Überkonfessionelles
Nützliche Informationen über Gottesdienste, Bibelstunden, christliche Sehenswürdigkeiten und Pilgerfahrten sowie das »Pilgrim and Christian Tourists Promotion Handbook« des Israelischen Tourismus-Ministeriums erhalten Sie am besten im Christlichen Informationszentrum.
Omar Ibn el Khattab Square, Jaffa Gate, Tel. 287647, Mo–Sa 8.30 bis 12.30 u. 15–17.30 Uhr

Sonntägliche Gottesdienste für Protestanten finden in der Erlöserkirche statt, für Katholiken in der Dormitio-Kirche am Zionsberg.

DIPLOMATISCHE VERTRETUNGEN

Wegen der noch nicht gelösten Hauptstadtfrage residieren die Botschaften der meisten Staaten nicht in Jerusalem.

Botschaft der Bundesrepublik Deutschland
Daniel Frish St. 3, P.O.B. 16038, Tel Aviv, Tel. 03/5421313

Österreichische Botschaft
Hermann Cohen Street 11, Tel Aviv, Tel. 03/246186
Österreich unterhält ein Konsulat in Jerusalem
Hoveveh Zion Street 8, Tel. 630765

Schweizer Botschaft
HaYarkon Street 228, Tel Aviv, Tel. 03/5464455

FLUGHAFEN UND FLUGGESELLSCHAFTEN

Jerusalem Atarot Airport, ein sehr kleiner Flughafen im Norden der Stadt, wird nur von der israelischen Arkia Airlines auf ihren Inlandsstrecken angeflogen. Vom internationalen Ben-Gurion-Airport in Tel Aviv fahren alle 45 Minuten (zwischen 7.30 und 21.30 Uhr) Busse (Egged Linien 943 und 947) nach Jerusalem (Central Bus Station).

Arkia Airlines
Jaffa Road 97, Tel. 255888

Lufthansa
King-George-Street 16 a, Tel. 244941

Swiss Air
Haneviim St. 31, Tel. 231373

FOTOGRAFIEREN

Überall in der Stadt ist Fotografieren erlaubt, aber Fotoartikel und Filme sind wesentlich teurer als zu Hause. Am Shabbat wollen die Gläubigen an der Klagemauer und die Bewohner des Stadtteils Mea Shearim nicht fotografiert werden; man sollte das respektieren. Zwar gibt es kein gesetzliches Fotografierverbot, aber notfalls werden die Betroffenen jeden Versuch selbst unterbinden.

FÜHRUNGEN

Das Fremdenverkehrsamt (Jaffa Gate), aber auch private Unternehmen bieten mehr als ein Dutzend »Walking Tours« an, die als Führungen gestaltet sind. Man kann sich von den Naturfreunden durch die Ausgrabungen, von Egged durch die Synagogen, von Rabbis durch das Jüdische und von Franziskanern durch das Christliche Viertel führen lassen – immer alles zu Fuß.

GELDWECHSEL

Die israelische Währung »New Israeli Shequel« (NIS) (1 Schekel = 100 Agorot) unterliegt einer hohen Inflationsrate. Außerdem ist ein Rücktauschen der israelischen Währung bei der Ausreise nur bis 100 US-$ ohne größeren Aufwand möglich. Deshalb sollte man vorsichtshalber nur kleine Geldbeträge wechseln.

Umtausch ist bei den Banken und den lizenzierten Einrichtungen (z.B. Hotels oder arabische Wechselstuben am Damaskustor) möglich. Ausländische Zahlungsmittel können unbeschränkt eingeführt werden. Reiseschecks (in DM oder Dollar), Euroschecks (bis 700 NIS) und Kreditkarten werden überall akzeptiert.

KLEIDUNG

Für die Sommermonate vor allen Dingen leichte Kleidung (kurzärmelige Hemden bzw. Blusen, T-Shirts, Sandalen u.ä.); für die Abende Jacke und Pullover, zum Ausgehen genügen ein leichter Anzug bzw. ein nettes Sommerkleid. Overdressed ist fehl am Platze. Von Dezember bis Februar benötigt man in Jerusalem winterliche Bekleidung und vor allem einen Regenschutz.

LITERATUR

– Bellow, Saul: Nach Jerusalem und zurück. Köln 1977
– Elon, Amos: Jerusalem. Innenansichten einer Spiegelstadt. Reinbek bei Hamburg 1989
– Kollek, Teddy/Eisner, Shulamith: Jerusalem, Frankfurt/Main 1990
– Konzelmann, Gerhard: Jerusalem – 4000 Jahre Kampf um eine heilige Stadt. Hamburg 1984
– Otto, Eckart: *Jerusalem – die Geschichte der Heiligen Stadt. Stuttgart 1980*
– *Schliack, Amos:* Jerusalem. Hamburg 1989
– Vigee, Claude: Leben in Jerusalem. Bühl-Moos 1990

MASSE

In Israel benutzt man bei Bekleidung und Schuhen die gleichen

Maßziffern zur Größenangabe wie in Deutschland, Österreich und der Schweiz. Da viele Kleidungsstücke für den Export nach Frankreich oder in die USA bestimmt sind, tragen oft ausgefallene Modelle im Etikett nur die dortigen Konfektionsgrößen.

Kleidergrößen:

D	36	38	40	42	44	46	48
F	38	40	42	44	46	48	50
USA	8	10	12	14	16	18	20

Schuhgrößen:

D	36	37	38	39
USA	3½	4-4½	5	5½-6
D	40	41	42	43
USA	6½	7-7½	8	8½
D	44	45		
USA	9-9½	10-10½		

NOTRUFE

Ambulanz (Magen David Adom): 101
Polizei: 100
Feuerwehr: 102
Frauen-Notruf: 24 55 54

ÖFFNUNGSZEITEN

Apotheken
So–Do 8.30–13 und 16–19 Uhr, Fr 9.30–14 Uhr

Banken
So, Di, Do 8.30–12.30 und 16 bis 17.30 Uhr, Mo, Mi, Fr und vor Feiertagen 8.30–12 Uhr

Behörden
So–Do 8–12 Uhr

Geschäfte
In der Regel von 8.30–13 und 16 bis 19 Uhr
Kaufhäuser haben durchgehend (8–18 Uhr) und Basare bis zum

Ein Hinweis auf angemessene Kleidung

Einbruch der Dunkelheit geöffnet. In der Altstadt haben viele Läden am Freitag geschlossen, sind aber dafür am Samstag geöffnet.

ORTSZEIT

MEZ plus eine Stunde. Sommerzeit von April bis September (genaue Daten variieren).

POST

Kennzeichen ist ein weißer Hirsch auf rotem Grund, sowohl an Postämtern als auch an den Briefkästen. Die Postämter der Stadt sind So–Do von 8–12 und von 15–18 Uhr geöffnet, das Hauptpostamt (Jaffa Road 23) von 7.45–12.30 und von 13.30 bis 17.30 Uhr (Telex- und Telefax-Gelegenheit).

Post nach Europa dauert zwischen vier und acht Tagen, die Postkarte kostet 1 NIS, der Brief (bis 20 g) 1.20 NIS.

REISEZEITEN

Auch im Hochsommer steigt das Thermometer wegen der Höhenlage (800 m über NN) nicht über 28 Grad; abends wird es meist erfrischend angenehm. Frühling und Herbst sind ideal für einen Stadtaufenthalt. Im Winter ist es kalt und regnerisch, manchmal (zuletzt im Januar 1993) fällt Schnee. An den wenigen Sonnentagen ist es dann aber besonders klar.

An hohen jüdischen und christlichen Feiertagen sind die Hotels der Stadt ausgebucht!

RÜCKFLUG NACH EUROPA

Von Jerusalem zum Flughafen nimmt man am besten ein Sherut-Sammeltaxi (Taxi »Nesher«, King George Street 21, Tel. 23 12 31, telefonische Vorbestellung 24 Stunden vorher, sehr zuverlässig). Busse ab der Central Bus Station zum Flughafen (alle halbe Stunde von 6.30–18 Uhr).

Wegen der Sicherheitskontrollen ist die Abfertigung sehr zeitraubend. El Al-Reisende können das Gepäck schon am Tage vor der Abreise im Jerusalemer Stadtbüro (Yemiahu St. 49, Tel. 24 67 25) aufgeben.

Abflüge und Rückflugbestätigung: Tel. 03/971 10 49, 971 18 97 und 97 24 84

SICHERHEIT

Sicherheit ist die alltägliche Thematik in Jerusalem. In Museen, öffentlichen Gebäuden, Kinos, Kaufhäusern etc. werden Taschen und Einkaufstüten kontrolliert. Nach leidvollen Erfahrungen ist das angebracht.

Bei der Ausreise am Tel Aviver Flughafen werden die Besucher aber unter dem Vorwand ihrer Sicherheit von zivilen Geheimdienstbeamten u. a. genau ausgefragt, was sie in Israel gemacht, wo sie gewohnt und wen sie getroffen haben. Was hat eigentlich die Beantwortung dieser Fragen mit der Sicherheit der abreisenden Besucher zu tun?

SPRACHE

Offizielle Landessprache sind Ivrit (das wiederbelebte und aktualisierte Hebräisch der Bibel) und Arabisch. Mit Englisch kommt man sehr gut zurecht, vereinzelt sprechen ältere Israeli noch die Sprachen ihrer Herkunftsländer.

STROMSPANNUNG

220 Wechselstrom, Steckdosen uneinheitlich, Zwischenstecker in örtlichen Fachgeschäften.

TELEFONIEREN

Innerhalb Israels telefoniert man von öffentlichen Fernsprechern mit Telefon-Tokens (hebr. assimonium), die man in Postämtern und an Kiosken erhält (Preis: 0.30 NIS); Kartentelefone mit Telefonkarten (10 NIS, 20 NIS, 50 NIS) finden sich häufiger. Vorwahlen innerhalb Israels:

Elat 0 07
Haifa 04 (auch für Akko, Karmel Nahariya, Tivon, Quiryat)
Jerusalem 02 (Bethlehem, Hebron, Jericho, Ramallah)
Netanya 0 53
Tel Aviv 03
Tiberias 0 6

Ferngespräche nach Europa am besten von Kartentelefonen

oder von Bezeq-Telefonzentren, Jaffa Street 236 (Central Bus Station) und Koresh Street (hinter dem zentralen Postamt in der Jaffa Street 23).
Ländervorwahlen:
Deutschland: 00 49
Österreich: 00 43
Schweiz: 00 41

TRINKGELDER

In Israel muß man Trinkgelder in Restaurants und Cafés geben und europäische Maßstäbe (10 bis 15%) anlegen.

ZEITUNGEN UND ZEITSCHRIFTEN

Europäische Tageszeitungen kann man in der Regel 24 Std. nach Erscheinen (zum dreifachen Preis) an Kiosken und in Hotels erhalten.

ZOLL

Zollfreie Einfuhr nach Jerusalem: eine Stange Zigaretten, 1 Liter Alkohol, 250 ml Parfüm, 10 Filme und Geschenke bis zu einem Wert von 250 Mark.

WETTER IN JERUSALEM

Die monatlichen Durchschnittswerte im Überblick

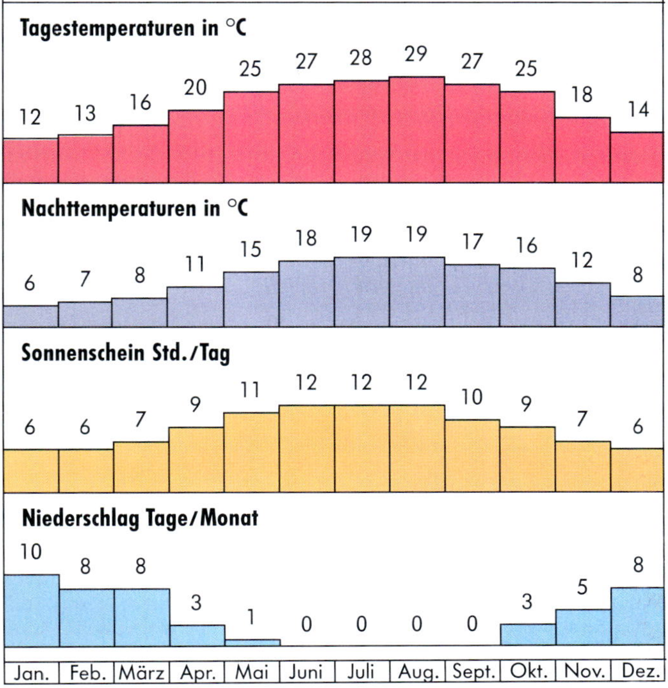

Bloß nicht!

Auch in Jerusalem gibt es Touristenfallen und andere Dinge, auf die man als Besucher achten sollte

Kamelreiten auf dem Ölberg
Die beiden meistfotografierten Kamele Israels bewegen sich auf dem Parkplatz vor dem Seven Arches Hotel auf dem Ölberg. Von hier genießt man die Postkartenansicht auf die Altstadt Jerusalems, und die wollen natürlich alle Besucher auf einem Foto festhalten. Dazu macht sich als Vordergrund ein echtes Kamel besonders gut. Das ahnen zwei Beduinen, die genau für diesen Zweck ihre beiden Tiere mitgebracht haben. Mit unwiderstehlichem Lächeln und süßen Worten werben sie für ihre Dienste. Auf diese Einnahmequelle müssen bereits die Vorfahren der beiden Beduinen gekommen sein, denn im Hotel hängt ein Ölgemälde aus dem vorigen Jahrhundert, auf dem zwei Araber genau diesem einträglichen Gewerbe nachgehen.

Rauchen und Autofahren am Shabbat
Gott ruhte am siebten Schöpfungstag, und in der Bibel verlangt er von den Menschen, ihm dies gleichzutun. Aber er verlangt – glaubt man Mose – von seinen Anhängern für diesen Tag noch mehr: »Ihr sollt kein Feuer anzünden in all Euren Stätten am Shabbat« (2. Mose 35,3). Für gläubige Juden gilt dieses Gebot absolut. Deshalb rauchen sie am Shabbat nicht, weil man dazu ja ein Streichholz anzünden muß. In vielen Hotels werden nachlässige Besucher durch kleine Tischkärtchen am Shabbat stumm darauf aufmerksam gemacht, sich doch an diese Sitte zu halten. Weil der Zündfunke im Motor nur eine neuzeitliche Variante von Feuer ist, fahren orthodoxe Juden am Shabbat kein Auto. Und da ihrer Meinung nach der Wille des Herrn für alle gilt, werfen sie auf den angrenzenden Straßen ihres Stadtteils Mea Shearim am Shabbat mit Steinen nach denen, die sich an dieses Gebot Gottes nicht halten wollen.

Als Dame einem Rabbi die Hand geben
Ein ganz, ganz streng gläubiger Jude darf auf keinen Fall eine fremde Frau berühren. Bringen Sie ihn deshalb als Dame nicht in Verlegenheit und strecken Sie ihm Ihre Hand bei der Begrüßung entgegen oder setzen sich gar im Sammeltaxi neben ihn. Wenn Sie als Mann im Omnibus neben einem Rabbi sitzen, sollten Sie einer stehenden Dame deshalb auch schweren Herzens nicht Ihren Platz anbieten.

In diesem Register sind alle in diesem Führer erwähnten Orte verzeichnet

Sehenswürdigkeiten

Museen

Cafés

Restaurants

Hotels

Was bekomme ich für mein Geld?

In Israel bezahlt man mit Schekeln und Agorot (1 Schekel = 100 Agorot). Für den Umtausch gilt die Faustregel: Ein Schekel (offizieller Name »New Israel Shequel«, abgekürzt »NIS«) entspricht fast einem Drittel US-Dollar, (genau: 1 US $ = 2.71 NIS) oder: Für einen Dollar bekomme ich drei Schekel. Mit den Schwankungen des Dollars ändert sich der Umtauschkurs des Schekels zur Mark. Aus diesem Grund ist auch in unserer Währungstabelle das Verhältnis US-Dollar/Deutsche Mark angegeben.

Wer nach Jerusalem reist, muß mit Preisen rechnen, die denen deutscher Großstädte entsprechen: Ein Leihwagen kostet pro Tag zwischen 100 und 200 NIS, ein Liter Benzin 2 NIS, Parken im Halteverbot 100 NIS. Busfahren ist billiger. Innerstädtischer Einheitstarif: 2.4 NIS, hinunter nach Tel Aviv 9 NIS. Für ein Glas Tee oder eine Tasse Kaffee zahlt man 3 bis 5 NIS. Eine Ansichtskarte kostet 50 Agorot, die dazugehörige Briefmarke 1 NIS, das Porto für einen Brief 1 NIS. Besuche von Museen und Sehenswürdigkeiten sind nicht billig: Der Eintritt kostet wenigstens 6 NIS, meistens 8 NIS, im Israel Museum sogar 15 NIS und für die »Sound and Light Show« in der Davidszitadelle muß man sogar 20 NIS bezahlen. Nur im Yad Vashem-Museum ist der Eintritt frei. Ein Theaterbesuch im Khan muß dem Besucher 30 NIS, im Sherover mindestens 80 NIS wert sein.

DM	US $	US $	DM
1	0,65	1	1,55
2	1,29	2	3,10
3	1,94	3	4,65
4	2,58	4	6,20
5	3,23	5	7,75
10	6,45	10	15,50
20	12,90	20	31,--
25	16,13	25	38,75
30	19,35	30	46,50
40	25,81	40	62,--
50	32,26	50	77,50
75	48,39	75	116,25
100	64,52	100	155,--
200	129,03	200	310,--
250	161,29	250	387,50
300	193,55	300	465,--
500	322,58	500	775,--
750	483,87	750	1.162,50
1.000	645,16	1.000	1.550,--
2.000	1.290,32	2.000	3.100,--

Handgefertigtes auf dem Beduinenmarkt